björn moschinski

vegan backen
für alle

björn moschinski

vegan
backen für alle

südwest

Grußwort

von Jan Bredack, Gründer der veganen Supermarktkette »Veganz«

Nein, ich kann nicht kochen und mit Backen habe ich überhaupt nichts am Hut. Ich kann mich nicht erinnern, jemals einen Kuchen gebacken zu haben. Um so dankbarer bin ich, dass es Menschen wie Björn gibt, die ihre Geheimnisse freizügig ausplaudern und somit allen die Möglichkeit geben, sich die leckeren Sachen selbst zuzubereiten. Nicht, dass es zu wenig Koch- oder Backbücher gäbe, nein, aber allein die Tatsache, dass hier ausschließlich Pflanzen verarbeitet werden, ist für die meisten von uns nicht vorstellbar.

Ich erlebe das oft in den Bistros oder Backshops unserer Supermärkte. Skeptisch werden die Schwarzwälder Kirschtorten beäugt, die gefüllten Croissants sind doch mindestens mit Butter gemacht, ein Apfelstrudel ohne Milch...? Spätestens beim ersten Verkosten verstärken sich die Zweifel. »Es schmeckt wie echt...« Ja, und das ist auch gut so, denn die vegane Küche soll in erster Linie schmecken und nicht den Ansatz vom Gedanken an Verzicht oder Selbstkasteiung liefern.

Und hier kommen dann die langjährige Erfahrung, die Neugier und Experimentierfreudigkeit von Menschen wie Björn ins Spiel. Sie liefern die kreativen Ideen und erklären für alle verständlich die problemlose Zubereitung. Nicht, dass ich jetzt jeden Tag einen Kuchen backen werde, aber ich könnte es nun und zusammen mit meinen Kindern werde ich so sicher das eine oder andere Kunstwerk erschaffen.

Meine Generation hat wie selbstverständlich vermittelt bekommen, dass Milch, Eier, Fisch und Fleisch als Grundnahrungsmittel unerlässlich sind. Ein fataler Irrtum, der aktuell in den Fokus öffentlicher Diskussionen rückt und sich mehr und mehr auflöst. Gerade für die kleinen Erdenbürger ist es deshalb so essenziell, bereits im frühen Stadium zu erleben, dass es absolut unnötig ist, für leckeres Essen tierische Produkte zu verarbeiten, und wie sie die pflanzliche Ernährung ganz selbstverständlich in ihr Leben integrieren können.

Mit diesem Backbuch wird dafür ein wichtiger Grundstein gelegt, und ich möchte Björn an dieser Stelle meinen Dank aussprechen.

Ihr Jan Bredack

Inhalt

Grußwort von Jan Bredack	4
Vorwort von Björn Moschinski	8–13
Küchenwissen	14–15

Grundteige

Hefeteig	18–19
Rührteig	20–21
Mürbeteig	22–23
Biskuitteig	24

Ostern

Zitroniger Spargelstrudel	28–29
Strudel mit Rhabarber-Vanille-Grieß	30–31
Spargeltarte mit Rosa Beeren und Erdbeerpesto	32–33
Spinat-Mandel-Strudel mit Rosinen	34–35
Sächsisches Osterbrot	36–37
Orangenkuchen	38–39

Muttertag

Mango-Blaubeer-Scones	42–43
Lavendel-Scones mit Sauerdorncreme	44–45
Rhabarber-Kokos-Küchlein	46–47
Biskuit mit Acai-Brombeer-Creme	48–49
Schokoladenbrot	50–51
Cherry-Cheesecake gedreht	52–53
Nussblumen	54–55

Halloween

Gewürzte Kürbis-Haferflocken-Kekse	58–59
Tarte Tatin mit Süßkartoffeln	60–61
Kürbis-Pie mit Zimtsahne	62–63
Karottenkuchen ohne Mehl	64–65
Flamm-Wrap mit Pflaumen und Mohnsahne	66–67
Apfeltarte mit Pinienkernen	68–69

Weihnachtsbäckerei

Marzipan-Schoko-Nockerln	72–73
Kokos-Mohn-Makronenberge	74–75
Monkey Bread	76–77
Winterliche Brownies	78–79
Zucchini-Lebkuchen-Törtchen	80–81
Feigenspiralen	82–83
Stollenkonfekt	84–85
Pikanter Bratapfel	86–87
Vanillekipferl-Crumble mit Apfelchutney	88–89
Macadamia-Vanille-Sterne	90–91

Sonntagstafel

Rosinenzopf free style	94–95
Minischnecken mit Zimt	96–97
Mohnbuchteln	98–99
Zimtfocaccia	100–101
Kräuter-Scones	102–103
Haselnuss-Kastanien-Kuchen	104–105
Kräuter-Cupcakes mit Tomatenfrosting	106–107
Schokobiskuit mit Tiramisucreme	108–109
Cantuccini mit Lavendel und Zitrone	110–111
Hefeschnecken mit Grillgemüse	112–113
Polenta-Pizza	114–115

Ofenfrische Geschenkideen

Maismuffins mit Paprika	118–119
Zebrakuchen im Glas	120–121
Buchweizen-Bananen-Drops	122–123
Zucchinikuchen im Glas	124–125
Bratapfelkuchen im Glas	126–127
Pastinaken-Karotten-Tarte mit Petersiliencreme	128–129
Rosmarin-Aprikosen-Kuchen im Glas	130–131
Crostata mediterran	132–135
Feigen-Baklava	136–137

Schnelles für unerwartete Gäste

Millefoglie	140–141
Schnelle Blätterteigmuffins mit Äpfeln und Nüssen	142–143
Blätterteigstangen mit süßen Füllungen	144–145
Blätterteigstangen mit herzhaften Füllungen	146–147
Reis-Pilz-Taschen	148–149
Artischocken-Pilz-Bonbons	150–151
Flammkuchen mit Chicorée und Birnen	152–153
Flammkuchen mit Sauerkraut, Paprika und Räuchertofu	154–155

Brot & Co.

Pekan-Oliven-Ciabatta	158–159
»Käse«-Brot	160–161
Walnussbaguette	162–163
Farinata mit Grillgemüse	164–165
Sesambagels	166–167
Kartoffelschiffchen	168–169
Register	172–173
Allergikertabelle	174–175
Impressum	176

Vorwort

von Björn Moschinski

Liebe Leserin, lieber Leser,

die Aussage *Geiler Geschmack braucht kein Fleisch* prägte nicht nur mein Jahr 2013. Dies konnte ich bereits mit meinen beiden Kochbüchern beweisen. Auf diesem Wege möchte ich mich bei den Käufern meiner ersten beiden Kochbücher bedanken. Auch das Jahr 2013 war wieder aufregend. Nach meinem Ausstieg aus dem Restaurant *Kopps* war es im September endlich soweit! Ich erfüllte mir einen lang ersehnten Wunsch. Mit der Eröffnung des Restaurants *MioMatto* wurde der Traum meines eigenen Restaurants Wirklichkeit. Direkt an der Warschauer Brücke, einem Hotspot in Berlin, liegt meine neue Wirkungsstätte. Ich gestehe, dass ich nicht mehr tagtäglich in der Küche stehe, sondern mittlerweile eher in beratender Funktion agiere. Das mag für den einen oder anderen komisch klingen, aber leider schaffte ich es nicht mehr, den ganzen Tag in der Küche zu arbeiten und dann noch die zahlreichen anderen Projekte voranzutreiben.

Ach ja – es ist kein Kochbuch, sondern ein Backbuch! Dieses Buch war und ist eine große Herausforderung: Die Ideen für die Rezepte zu finden war kein Problem – an dieser Stelle vielen Dank an Wiebke, die mir tatkräftig zur Seite gestanden hat – aber ich habe mich in ein Gebiet gewagt, das bisher nicht zu meinen Stärken gehörte. Zum Glück wachse ich mit meinen Aufgaben. Ich bin mir sicher, mit dieser Lektüre ein Backbuch geschaffen zu haben, das mit neuen Aromen und leckeren Backwaren punkten kann.

Ja, und warum ein Backbuch? Wer mich kennt und mich auf meinem Weg begleitet hat, hat längst bemerkt, dass ich nicht der größte Liebhaber von allzu süßen Gerichten bin. Daher wollte ich dem Thema »Vegan backen« meinen eigenen Anstrich verpassen. Im Besonderen ist es mir wichtig, neue Rezepte und Ideen hervorzubringen und dabei immer ein Auge auf aktuelle Entwicklungen in der Ernährung zu haben. Eine Folgeerscheinung, die mir immer mehr Sorgen bereitet, ist die Thematik der Allergien. Gerade im *MioMatto* häufen sich die Anfragen nach glutenfreien, sojafreien und generell Speisen ohne Weißmehl. Daher bieten wir auch viele Gerichte mit Vollkornmehl und als glutenfreie Variante an. Ebenfalls beim Kaffee hat der Gast die Wahl zwischen zahlreichen Milchalternativen. Diese Erfahrungen kamen meinem Backbuch zugute, und die Tabelle auf den Seiten 174/175 zeigt euch eine Übersicht über die Rezepte und deren Einteilung in sojafrei und glutenfrei. Ohne Soja zu backen stellt

keine große Hürde dar, aber glutenfrei zu backen ist schon eine Herausforderung, die wir aber erfolgreich meistern konnten.

Lange habe ich mir den Kopf über die Kapitel zerbrochen und bin schließlich zu dem Entschluss gekommen, die Themen nach Ereignissen zu gliedern. Oft stand ich vor dem Problem, dass sich spontan Freunde zum Essen ankündigten und ich als Gastgeber schnell was zaubern wollte. Natürlich muss es in dieser Situation ruckzuck gehen, und ich war immer wieder überrascht, was alles in meinem Kühlschrank oder Vorratsschrank schlummerte, aus dem man schnell etwas Leckeres backen kann. Ich bin mir sicher, dass viele jetzt mit dem Kopf nicken und wissen, was ich meine. Und genau dieser Thematik widmet sich das Kapitel »Schnelles für unerwartete Gäste«. In dem Kapitel »Sonntagstafel« befinden sich Gerichte, die auch mal für zwei oder drei Stunden auf dem Tisch stehen können, ohne an Qualität und Geschmack zu verlieren. Natürlich dürfen die Feiertage nicht fehlen, und auch für das leibliche Wohl der Freunde habe ich in der Rubrik »Ofenfrische Geschenkideen« gesorgt.

Wie auch in meinem letzten Buch geschrieben, bin ich jeden Tag aufs Neue begeistert, wie sich die vegane Szene oder besser gesagt der vegane Gedanke in der Gesellschaft verbreitet und Zuspruch findet. Die Zugänge zum Veganismus sind recht unterschiedlich. Ich spreche oft mit Menschen, die seit kurzer Zeit vegan leben, damit superglücklich sind und die sich vollends wohlfühlen. Bei dem einen ist der ökologische Ansatz der Vater des Veganismus, bei dem anderen der Wunsch nach einer gesünderen Ernährungsweise. Dass die vegane Lebensweise gesund ist, wird von immer mehr Ärzten unterstützt, was mich persönlich sehr freut. Ich selbst kann dem nur zustimmen. Dieses Jahr kann ich mein 20-jähriges Jubiläum feiern und ich fühle mich noch immer super mit der Entscheidung, vegan zu leben.

Bei dieser Entwicklung freue ich mich riesig auf die kommenden Jahre. Was die Zukunft bringen wird, kann ich sehr schwer voraussagen, aber einige Prognosen kann ich gern treffen. Die Idee für ein nächstes Kochbuch ist bereits vorhanden. Lasst euch überraschen – auf jeden Fall wird es nochmals ein Kochbuch in typischer Björn-Moschinski-Manier!

Meine Projekte mit dem Deutschen Kinderhilfswerk e.V., für deren Ernährungsfond ich der Schirmherr bin, werde ich weiter ausbauen. Auch mit dem *MioMatto* werden wir uns weiterentwickeln. Wir arbeiten mit Hochdruck an der Expansion in andere Städte, aber auch an einem veganen Catering- und Bistrokonzept, das in den kommenden Monaten gestartet werden soll.

Natürlich sind solche Pläne nicht allein realisierbar. Aus diesem Grund möchte ich meinem gesamten

Team für die gute Zusammenarbeit danken und auf diesem Wege weiterhin nach Unterstützern, Partnern oder Investoren suchen.

Auch werde ich in den kommenden Jahren in Deutschland unterwegs sein, um Köchen und Köchinnen den Zugang zur veganen Küche zu ebnen. Die von mir entwickelten Workshops sind so erfolgreich, dass bereits viele Küchen eine vegane Linie eingeführt haben. Natürlich werde ich auch zukünftig Kochkurse für Hobbyköche anbieten.

Genau an dieser Stelle möchte ich mich bei ganz besonderen Menschen bedanken. Vielen Dank an meine Familie, Nise, Michael, Flo, Viki, Tobi, Markus und Mahi, dass ihr zu mir haltet und mit mir diesen doch sehr steinigen Weg geht. Auch danke an Eva, Wiebke, Cathrin, Vina, Astrid, Mechthild und dem Südwest Verlag für die grandiose Unterstützung bei diesem Backbuch. Auch meinen Sponsoren und Unterstützern gilt mein Dank.

Aber besonders danke ich euch, meinen Fans und Unterstützern! Ohne euch würde ich nicht an dem jetzigen Punkt hier stehen und so viel bewegen können. Vielen Dank, dass ich meinen Traum leben kann!

Ich wünsche euch viel Spaß mit meinem dritten Buch, und lasst es euch schmecken. Bis bald im *MioMatto* oder auf einem der zahlreichen veganen Feste und Events!

Veganes Backen

Vorab: Warum Alternativen?

Eine Frage, die mir häufig gestellt wird, ist die, warum VeganerInnen intensiv nach Alternativen suchen. Eigentlich ist die Antwort einfach, wird aber oft von Mischköstlern missverstanden. Die Alternativen bieten dem vegan lebenden Menschen die gleichen Geschmackserlebnisse, die ein Mischköstler tagtäglich genießen kann. Kaum eine VeganerIn ist seit Geburt vegan und bekommt deshalb oft in den ersten Lebensjahren die charakteristischen Geschmacksmuster und auch Texturen von Lebensmitteln anerzogen. Diese Geschmacksmuster sind in unserem Gehirn gespeichert und wollen von Zeit zu Zeit befriedigt werden.

Da die VeganerIn aber keine Tiere töten möchte, sucht sie nach Alternativen für Fleisch, Käse, Milch, Milchprodukte etc. Ich finde nichts Verwerfliches daran, wenn eine VeganerIn genussvoll in ihre Veggie-Bockwurst beißt! Nein, ich sehe eher die Chance darin, der FleischesserIn zu zeigen, dass die vegane Ernährungsweise keinen Verzicht bedeuten muss, sondern viel eher ein Zugewinn an Lebensqualität sein kann.

Ei-Alternativen

Viele nicht-vegane Backrezepte beinhalten Eier, die insbesondere für die Bindung und die Konsistenz zuständig sind. In der veganen Küche können Ei-Alternativen genutzt werden. Diese bestehen meist aus bestimmten Mehlen, aber auch aus Speisestärke. Ein Ei kann durch 80 Gramm Apfelmus, ½ reife Banane, aber auch einen Mix von 1 Esslöffel Sojamehl und 2 Esslöffel Wasser ersetzt werden. Je nach Backware habe ich meine Rezepte angepasst, und wenn nicht explizit auf eine bestimmte Alternative hingewiesen wird, kann in diesem Moment jede Ei-Alternative genutzt werden. Natürlich ist ein gewisses Hintergrundwissen nötig, da eine Banane im Gebäck rausschmeckt und das Apfelmus eine angenehme fruchtige Süße hinterlässt. Da Geschmäcker bekanntlich verschieden sind, ist es für den Koch auch immer schwer, die Vorlieben zu treffen. Fertige Ei-Alternativen gibt es in Reformhäusern, Bioläden, veganen Supermärkten, aber auch im besser sortierten Einzelhandel.

Mehle

Mehl ist eine der wichtigsten Zutaten beim Backen. Um einen kleinen Einblick in die verschiedenen Mehlarten zu bekommen, muss man wissen, wie das Mehl hergestellt und vor allem was vom Korn genutzt wird. Ein Weizenkorn besteht aus drei wesentlichen Teilen: der Schale, dem Mehlkörper und dem Keim. Am wertvollsten für die Gesundheit ist die Schale, da diese reich an Ballaststoffen und Vitamin B ist. Diese wird, wie auch der Keim, der über einen hohen Fettanteil verfügt, beim weißen Mehl (Type 405) aussortiert. Nur der Mehlkörper wird genutzt, da dieser reich an Stärke und Eiweiß ist, die wichtig für die Backeigenschaften sind. Im Moment manifestiert sich mehr und mehr das Problem von Unverträglichkeiten gegenüber Gluten (Getreidekleber oder Klebereiweiß), die sogenann-

Veganes Backen

te Zöliakie. Aus diesem Grund empfehle ich das für den Menschen gesündere Vollkorn, das durch den Fettanteil des Keims kürzere Lagerzeiten hat. Welches Mehl genutzt wird, liegt bei jedem selbst. Helle Backwaren und hochelastische Teige bedürfen eines hellen Auszugsmehls mit einem hohen Anteil an Weizenkleber. Für dunkle Backwaren eignen sich insbesondere Vollkornmehle, die auch einen urig-vollmundigen Geschmack besitzen.

Milchalternativen

In meinen Rezepten verwende ich den Begriff »Milchalternative«. Zu diesen Alternativen zähle ich Sojamilch, Hafermilch, Dinkelmilch, Reismilch, Kokosmilch, aber auch Mandelmilch. Je nach Geschmack und Vorliebe kann die jeweilige Milchsorte frei gewählt werden. In manchen Rezepten weise ich direkt auf eine der Sorten hin. Dies kann den Hintergrund haben, dass die Qualität des Gerichts von der Art der Milch abhängig ist. Gerade wenn ich einen Pudding kochen möchte, gelingt dieser besonders gut mit Sojamilch oder auch mit Mandelmilch, aber er wird unappetitlich mit Reismilch, da diese einen hohen Anteil an Wasser beinhaltet und somit den Pudding glasig macht. Man kann die oben genannten Milchsorten fast überall im Einzelhandel kaufen, aber man kann sie auch ohne Probleme selbst herstellen. Natürlich kostet dies Zeit, schont aber die Geldbörse. Um eine der oben genannten Milchsorten selbst herzustellen, müssen die Rohstoffe entweder über Nacht gewässert oder aufgekocht werden. Danach werden die Rohstoffe mit Wasser gemixt und anschließend durch ein sehr feines Sieb oder Tuch gedrückt. Es ist zu beachten, dass diese Milchalternativen gekühlt maximal 3 bis 4 Tage haltbar sind.

Rauchsalz

Dieses Salz hat es mir ernsthaft angetan. Über Buchenholz geräuchert ist dieses Salz ein Zugewinn in der veganen Küche. In einer Kartoffel- oder Erbsensuppe kommt es hervorragend zur Geltung, wie auch in deftigem Gebäck. Rauchsalz kann im Einzelhandel oder im Internet erworben werden.

Albaöl

Immer wieder werde ich nach einer guten Alternative für Butter gefragt. Wer etwas streichfähiges fürs Brot sucht, ist mit diversen Margarinen gut bedient, aber beim Braten und Backen kommt es auf den charakteristischen Geschmack von guter Butter an. Die beste Alternative für den Geschmack bietet aus meiner Sicht das Albaöl. Ein Tropfen davon in einer heißen Pfanne verströmt einen herrlichen Duft nach Butter. Albaöl ist ein Rapsöl, das durch die fast ideale Zusammensetzung von Fettsäuren gesundheitsfördernd ist.

Ofen

Jeder Backofen verhält sich beim Backen anders – nur durch Übung und Wiederholung lernt man diesen wirklich kennen. Die Temperatur auf dem Regler ist nicht immer die, die im Ofen herrscht. Man kann dies mit einem Backofenthermometer überprüfen. In meinen Rezepten gebe ich stets an, auf welcher Schiene gebacken werden soll.

Teige:
Vegane Grundrezepte

Süßer Hefeteig

Für ca. 850 g

1 Würfel	frische Hefe (42 g)
250 ml	Wasser oder Sojadrink, lauwarm
100 g	Rohrohrzucker
500 g	Dinkelmehl
1 Prise	Salz
1–2 EL	Sonnenblumenöl

Die Hefe in eine Schüssel bröseln, warmes Wasser oder Sojadrink und 1 Esslöffel Rohrohrzucker dazugeben und ca. 10 Minuten gehen lassen.

Das Mehl sieben und mit dem restlichen Rohrohrzucker, dem Salz und dem Öl in die Schüssel geben. Nun die Mischung mehrere Minuten kneten, idealerweise in einer Küchenmaschine, bis ein geschmeidiger, homogener Teig entsteht, der sich vom Schüsselrand löst.

Den Teig mit einem feuchten Tuch abgedeckt an einem warmen Ort gehen lassen, bis er mindestens das doppelte Volumen erreicht hat.

Herzhafter Hefeteig

Für ca. 1150 g

125 g	Kartoffeln
	Salz
120 g	Margarine, zimmerwarm
½ Würfel	frische Hefe (21 g)
250 ml	Wasser oder Sojadrink, lauwarm
1 Prise	Rohrohrzucker
650 g	Dinkelmehl

Die Kartoffeln schälen, in leicht gesalzenem Wasser weich kochen und abgießen. Dann durch eine Kartoffelpresse drücken. Die weiche Margarine zu den Kartoffeln geben und alles gut vermischen.

Die Hefe in eine große Schüssel bröseln, warmes Wasser oder Sojadrink und den Rohrohrzucker dazugeben und ca. 10 Minuten gehen lassen. Das Mehl mit 1 gehäuften Teelöffel Salz dazugeben und anschließend die Kartoffelmischung unterrühren. Nun die Mischung mehrere Minuten kneten, idealerweise in einer Küchenmaschine, bis ein geschmeidiger, homogener Teig entsteht, der sich vom Schüsselrand löst.

Den Teig mit einem feuchten Tuch abgedeckt an einem warmen Ort gehen lassen, bis er mindestens das doppelte Volumen erreicht hat.

Süßer Rührteig

Für ca. 950 g

1	Vanilleschote
300 g	Dinkelmehl
½ EL	Abrieb von 1 Biozitrone
20 g	Speisestärke
1 Päckchen	Weinsteinbackpulver
90 g	Rohrohrzucker
125 g	Margarine, zimmerwarm
300 ml	Milchalternative
100 ml	Wasser mit Kohlensäure

Die Vanilleschote glatt streichen, der Länge nach halbieren und das Mark herauskratzen.

Das Vanillemark mit dem Mehl, dem Zitronenabrieb, der Speisestärke, dem Weinsteinpulver und dem Rohrohrzucker in eine Rührschüssel geben. Alles durchmischen und anschließend Margarine, Milchalternative sowie das Wasser dazugeben und alles zu einem glatten Teig verrühren. Der Teig sollte elastisch und zäh sein.

Herzhafter Rührteig

Für ca. 850 g

300 g	Dinkelmehl
1 Päckchen	Weinsteinbackpulver
20 g	Speisestärke
1	Ei-Ersatz: 1 TL No Egg oder Sojamehl und 1 EL Wasser
125 g	Margarine, zimmerwarm
300 ml	Milchalternative
100 ml	Wasser mit Kohlensäure
½ TL	Salz

Das Dinkelmehl mit dem Backpulver und der Stärke in einer großen Schüssel mischen. Für den Ei-Ersatz das Wasser mit dem No Egg oder Sojamehl vermischen.

Den Ei-Ersatz mit Margarine, Milchalternative, kohlensäurehaltigem Wasser und Salz in die Schüssel geben. Alles zu einem glatten Teig verrühren. Der Teig sollte elastisch und zäh sein.

Süßer Mürbeteig

Für ca. 900 g

- 520 g Mehl
- 120 g Rohrohrzucker
- 1 TL Weinsteinbackpulver
- 1 Prise Salz
- 270 g Margarine, kalt

In einer Schüssel das Mehl mit Rohrohrzucker, Backpulver und Salz gründlich vermischen. Die kalte Margarine in kleine Würfel schneiden.

Um einen Teig mürbe zu halten, muss dieser ohne viel Kneten hergestellt werden. Deshalb die Margarinewürfel am besten mit einem Holzlöffel oder einer Küchenmaschine unter die Mehlmischung arbeiten (die Wärme der Hände würde die Margarine weich und flüssig machen).

Wenn die gesamte Margarine untergearbeitet ist, den Teig für mindestens 1 Stunde in Folie gewickelt kühl stellen.

Herzhafter Mürbeteig

Für ca. 750 g

500 g	Mehl
1 Päckchen	Weinsteinbackpulver
1 TL	Salz
250 g	Margarine, kalt
1	Ei-Ersatz: 1 TL No Egg oder Sojamehl und 1 EL Wasser

In einer Schüssel das Mehl mit Backpulver und Salz gründlich vermischen. Die kalte Margarine in kleine Würfel schneiden. Für den Ei-Ersatz das Wasser mit dem No Egg oder Sojamehl vermischen.

Um einen Teig mürbe zu halten, muss dieser ohne viel Kneten hergestellt werden. Die Margarinewürfel und den Ei-Ersatz am besten mit einem Holzlöffel oder einer Küchenmaschine unter die Mehlmischung arbeiten (die Wärme der Hände würde die Margarine weich und flüssig machen).

Wenn die gesamte Margarine untergearbeitet ist, den Teig für mindestens 1 Stunde in Folie gewickelt kühl stellen.

Biskuitteig

Für ca. 1050 g

½	Vanilleschote
340 g	Mehl
2 EL	Weinsteinbackpulver
260 g	Rohrohrzucker
½ EL	Abrieb von 1 Biozitrone
40 ml	Rapsöl
20 ml	Albaöl (Rapsöl mit Butteraroma)
375 ml	Wasser mit Kohlensäure

Aus der halben Vanilleschote das Mark herauskratzen.

Das Vanillemark mit Mehl, Weinsteinpulver und Rohrohrzucker in eine Rührschüssel geben. Alles durchmischen und anschließend den Zitronenabrieb, das Raps- und Albaöl und das Wasser dazugeben und alles zu einem glatten Teig verrühren. Der Teig sollte elastisch und zäh sein.

Ostern

Filoteig, herzhaft

Zitroniger Spargelstrudel

Für ca. 4 Portionen

je 100 g	weißer und grüner Spargel
250 g	Kartoffeln
1	Schalotte
1 EL	Albaöl (Rapsöl mit Butteraroma)
	Salz
	Pfeffer
	Muskatnuss, frisch gemahlen
100 ml	Hafersahne
80 g	Filo-/Strudelteig
	Mehl für die Arbeitsfläche
50 g	veganer Schmelzkäse, z.B. von Wilmersburger
½ EL	Abrieb von 1 Biozitrone

Spargel waschen, bei Bedarf schälen und putzen. Kartoffeln schälen und sehr fein würfeln. Die Schalotte abziehen und in feine Würfel schneiden. Schalottenwürfel in heißem Albaöl anschwitzen. Die Kartoffeln dazugeben. Mit Salz, Pfeffer und Muskat würzen und 2 bis 4 Minuten anschwitzen. Mit Hafersahne ablöschen und einkochen lassen. Wenn die Kartoffelwürfel weich sind, diese mit einer Gabel zu einem groben Püree verarbeiten.

Den Strudelteig auf einer bemehlten Arbeitsfläche auslegen, mit dem Püree bestreichen, mit dem Schmelzkäse und dem Zitronenabrieb bestreuen und den Spargel darauf verteilen. Nun alles einrollen, gegebenenfalls in Scheiben schneiden und im Ofen bei 180 °C auf mittlerer Schiene für ca. 12 Minuten backen.

Filoteig, süß, sojafrei

Strudel mit Rhabarber-Vanille-Grieß

Für 1 Strudel

250 g	Rhabarber
100 g	Rohrohrzucker
150 ml	Milchalternative (Reis- oder Haferdrink, natur)
75 g	Grieß (Weichweizen)
1	Vanilleschote
75 g	Rosinen (optional)
80 g	Filo-/Strudelteig
	Mehl für die Arbeitsfläche
2 EL	Walnüsse (Bruch)
2 EL	Albaöl (Rapsöl mit Butteraroma) zum Bestreichen

Den Rhabarber waschen, schälen und putzen, in grobe Stücke schneiden, zuckern und 2 bis 4 Stunden im Kühlschrank ziehen lassen.

100 Milliliter vom entstandenen Rhabarbersaft gemeinsam mit der Milchalternative aufkochen. Den Grieß einrühren, die Mischung einkochen und eindicken lassen. Die Vanilleschote glatt streichen, der Länge nach halbieren und das Mark herauskratzen. Dieses zusammen mit den Rhabarberstücken und Rosinen in den warmen Grieß geben und unterrühren. Gegebenenfalls mit etwas Zucker abschmecken.

Die Strudelblätter auf ein bemehltes Küchentuch legen und die abgekühlte und eingedickte Masse darauf verteilen. Die Walnüsse daraufstreuen. Den Strudel nun vorsichtig einrollen.

Den Strudel mit dem Albaöl bestreichen und für 12 bis 14 Minuten bei 165 °C auf mittlerer Schiene im Ofen goldgelb backen.

Filoteig, herzhaft

Spargeltarte mit Rosa Beeren und Erdbeerpesto

Für 2 Portionen

Für die Tarte:
- 200 g grüner oder weißer Spargel
- Salz
- ½ Zwiebel
- 50 g Räuchertofu
- 1 EL Rapsöl
- 100 ml Hafersahne
- Pfeffer
- Rosa Beeren
- 60 g Filo-/Strudelteig (2 Blätter)
- Mehl für die Arbeitsfläche
- 75 g veganer Schmelzkäse

Für das Pesto:
- 35 g Mandelstifte
- 20 g Pinienkerne
- 100 g Erdbeeren
- 1 TL Himbeeressig
- 6 EL Walnussöl
- Cayennepfeffer
- Salz
- Agavendicksaft

Den Spargel waschen, bei Bedarf schälen, putzen und mit 1 Prise Salz bestreut kalt ziehen lassen. In der Zwischenzeit die Zwiebel abziehen und in feine Würfel schneiden. Den Räuchertofu in feine Würfel schneiden und in einer Pfanne mit dem Öl und den Zwiebelwürfeln anschwitzen. Sobald die Zwiebelwürfel Farbe annehmen, mit der Hafersahne ablöschen und einköcheln lassen. Von der Flamme nehmen, sobald die Sahne eindickt. Mit Salz, Pfeffer und den Rosa Beeren würzen.

Den Strudelteig auf einem bemehlten Küchentuch auslegen, mit einer Teigrolle auf halbe Dicke ausrollen und auf Backpapier legen. Die Sahnemischung auf den Teig geben, den Spargel darauf verteilen und mit dem Schmelzkäse bestreuen.

Den Strudel ca. 10 Minuten bei 175 °C auf unterer Schiene im vorgeheizten Ofen backen.

In der Zwischenzeit die Mandelstifte und die Pinienkerne in einer heißen Pfanne ohne Fett braun rösten. Erdbeeren waschen und putzen. Erdbeeren, Mandelstifte, Pinienkerne, Himbeeressig und Walnussöl mit einem Stabmixer pürieren und mit Cayennepfeffer, Salz und Agavendicksaft abschmecken. Zur Tarte servieren.

Filoteig, herzhaft

Spinat-Mandel-Strudel mit Rosinen

Für ca. 4 Portionen

1	Zwiebel
300 g	frischer Spinat
2 EL	Rapsöl
50 g	Mandelstifte
50 g	Rosinen
	Salz
	Cayennepfeffer
	Muskatnuss, frisch gemahlen
100 g	Naturtofu
	Räuchersalz, z.B. von Vrebels
80 g	Filo-/Strudelteig
	Mehl für die Arbeitsfläche
50 g	veganer Schmelzkäse
2 EL	Albaöl (Rapsöl mit Butteraroma) zum Bestreichen

Die Zwiebel abziehen und in grobe Würfel schneiden. Spinat waschen und trockenschwenken. Das Öl in einer Pfanne auf mittlerer Stufe heiß werden lassen und die Zwiebel darin glasig dünsten. Den Spinat in grobe Streifen schneiden und mit den Mandelstiften und Rosinen zu den Zwiebelwürfeln geben, kurz anschwitzen und anschließend abkühlen lassen. Mit Salz, Cayennepfeffer und Muskat abschmecken.

Den Naturtofu mit einer Gabel zerkleinern und mit Räuchersalz würzen. Den Strudelteig auf einem bemehlten Küchentuch auslegen und die Spinat-Mandel-Rosinen-Mischung, den Tofu und den Schmelzkäse darauf verteilen. Alles einrollen, mit dem Albaöl bestreichen und für 12 bis 14 Minuten bei 165 °C auf mittlerer Schiene im Ofen goldgelb backen.

Hefeteig, süß

Sächsisches Osterbrot

Für 1 Springform (ø 26 cm)

- 50 g gehackte Mandeln
- 1 kg süßer Hefeteig (Zubereitung siehe Seite 18)
- 1 TL Abrieb von 1 Biozitrone
- 100 g Rosinen oder Sultaninen
- 10 g Zitronat
- Fett für die Form

Die Mandeln in einer heißen Pfanne ohne Öl braun rösten. Den Hefeteig nach Anleitung zubereiten und vor dem Gehen Zitronenschale, Rosinen oder Sultaninen, Zitronat und Mandeln unterarbeiten. Danach feucht abgedeckt an einem warmen Ort gehen lassen, bis der Teig das doppelte Volumen erreicht hat.

Den Ofen auf 200 °C vorheizen. Den Teig noch einmal vorsichtig kneten und in eine gefettete Springform legen. Den Teig mit einem Messer über Kreuz einschneiden und für 35 bis 40 Minuten auf mittlerer Schiene im Ofen backen.

Rührteig. süß

Orangenkuchen

Für 1 Kastenform

2	Ei-Ersatz: 2 EL No Egg oder Sojamehl und 4 EL Wasser
300 g	Mehl
200 g	Zucker
1 Prise	Salz
1 Päckchen	Weinsteinbackpulver
150 ml	Rapsöl
200 ml	vegane Orangenlimonade, z.B. von Fritz-Limo
½ TL	Abrieb von 1 Bioorange
	Fett für die Form

Ei-Ersatz mit Wasser verrühren und quellen lassen. Mehl mit Zucker, Salz und Backpulver vermischen, die restlichen Zutaten dazugeben und alles zu einem homogenen Teig verrühren.

Eine Kastenform fetten, den Teig einfüllen und im vorgeheizten Ofen bei 180 °C für 20 bis 25 Minuten auf mittlerer Schiene backen, bis er schön goldbraun ist.

Tipp: *Mit einem Orangen-Zuckerguss kann man unseren Orangenkuchen perfekt in Szene setzen. Einfach in einem kleinen Topf 1 bis 2 Esslöffel Orangensaft und 3 Esslöffel Puderzucker erhitzen und mit einem Pinsel über den Kuchen streichen. Zum Abschluss dünn aufgeschnittene Orangenfilets auf dem Kuchen verteilen.*

Schokotropfen im Kuchen sind ein besonderes Highlight, das besonders gut bei Kindergeburtstagen ankommt.

Muttertag

Mürbeteig, süß

Mango-Blaubeer-Scones

Für ca. 8 Scones

- 2 Ei-Ersatz: 2 EL No Egg oder Sojamehl und 4 EL Wasser
- 60 ml Milchalternative (Soja-, Reis- oder Haferdrink, natur)
- 1 EL Zitronensaft
- 325 g Mehl
- 100 g Rohrohrzucker
- 1 TL Backpulver
- 1 TL Natron
- ½ TL Salz
- ½ TL Abrieb von 1 Biozitrone
- 90 g Margarine
- 100 g Blaubeeren, frisch oder TK
- 100 g getrocknete Mangos
- ½ TL Zimtpulver
- Fett für die Form

Ei-Ersatz mit dem Wasser verrühren und quellen lassen. Die Milchalternative mit dem Zitronensaft vermischen und flocken lassen.

In einer Rührschüssel das Mehl mit Rohrohrzucker, Backpulver, Natron, Salz und Zitronenabrieb mischen und anschließend die Margarine mit einem Holzlöffel oder Küchengerät in die Mehlmischung einarbeiten, bis große Streusel entstehen. Dann den Ei-Ersatz und die Milchalternative dazugeben und leicht und locker verrühren. Zum Schluss vorsichtig die Blaubeeren, die Mangos und den Zimt unterheben. Den Teig flach in eine runde, gefettete Form von ca. 20 Zentimeter Durchmesser geben. Dabei schnell und vorsichtig arbeiten, um die Blaubeeren nicht zu beschädigen. Den Teig achteln, indem die Stücke mit einem Messer bereits vorgeschnitten werden.

Die Scones 18 bis 22 Minuten im auf 200 °C vorgeheizten Backofen auf mittlerer Schiene backen.

> **Tipp:** *Für ein Zitronenfrosting 20 Gramm Puderzucker in eine Schüssel geben und langsam 1 Esslöffel Zitronensaft hinzufügen, bis eine cremige und klumpenfreie Masse entsteht. Die Scones mit dem Frosting verzieren.*

Lavendel-Scones mit Sauerdorncreme

Für 8–10 Scones

Für die Scones:
- 225 g Dinkelmehl
- 1 TL Backpulver
- 1 TL Natron
- ½ TL Salz
- 1 Prise Pfeffer
- 90 g Margarine, kalt
- 100 ml Milchalternative (Soja-, Reis- oder Haferdrink, natur)
- ¼ TL Lavendel (mehr nach Belieben)
- Mehl für die Arbeitsfläche

Für die Sauerdorncreme:
- 100 g Berberitzen (Sauerdorn)
- 125 g Margarine, zimmerwarm
- 35 g Puderzucker nach Geschmack
- ½ TL Salz
- 1 Prise Chilipulver

Für die Creme die Berberitzen in warmem Wasser für 4 Stunden einweichen.

Für die Scones in einer Schüssel Mehl mit Backpulver, Natron, Salz und Pfeffer mischen. Die Margarine in Stücke schneiden und mit einem Holzlöffel oder einer Küchenmaschine schnell in das Mehl einarbeiten. Anschließend die Milchalternative einarbeiten und den Lavendel hinzufügen. Den Teig auf einer bemehlten Arbeitsfläche zu einer 5 Zentimeter dicken Rolle formen und 2 Zentimeter dicke Scheiben abschneiden.

Die Scones auf einem mit Backpapier ausgelegtem Backblech verteilen und bei 180 °C 15 bis 20 Minuten auf mittlerer Schiene im Ofen backen.

In der Zwischenzeit die Berberitzen abgießen, ¾ davon mit einem Stabmixer zu einem Püree verarbeiten, mit den ganzen Berberitzen zur Margarine geben und aufschlagen, bis die Margarine cremig wird. Mit Puderzucker und den Gewürzen abschmecken und zu den Scones servieren.

Rührteig, süß, sojafrei

Rhabarber-Kokos-Küchlein

Für ca. 12 Küchlein

- 250 g Rhabarber
- 100 g Rohrohrzucker
- 650 g süßer Rührteig (Zubereitung siehe Seite 20)
- 100 g Kokosraspel
- 40 g Puderzucker

Den Rhabarber waschen, gründlich schälen, putzen, in grobe Stücke schneiden, zuckern und 2 bis 4 Stunden im Kühlschrank ziehen lassen. Den Rhabarbersaft auffangen und für das Frosting in einem Topf bei mittlerer Hitze auf 2 bis 3 Esslöffel Flüssigkeit einkochen.

Den Rührteig herstellen und anschließend vorsichtig die Kokosraspel und den kalt gegarten Rhabarber unterrühren.

Den Teig in gefettete oder ausgelegte Förmchen geben und bei 180 °C 15 bis 18 Minuten auf mittlerer Schiene im Ofen backen.

Für das Frosting den Puderzucker langsam in den Rhabarbersaft einrühren, bis eine cremige und homogene Masse entsteht. Das Frosting über die abgekühlten Küchlein geben.

Biskuitteig, süß, sojafrei

Biskuit mit Acai-Brombeer-Creme

Für 10–12 Törtchen

800 g	Biskuitteig (Zubereitung siehe Seite 24)
300 g	vegane Sahne
2 EL	Acaipulver
1 TL	Abrieb von 1 Biozitrone
40 g	Puderzucker
120 g	frische Brombeeren
1–2 EL	Zitronensaft

Den Biskuitteig zubereiten, bei 180 °C für ca. 14 Minuten auf mittlerer Schiene im Ofen backen und abkühlen lassen.

Währenddessen die Schlagsahne nach Anleitung zusammen mit ¾ des Acaipulvers und dem Zitronenabrieb steif schlagen. Gegebenenfalls mit etwas Puderzucker nachsüßen. Anschließend die gewaschenen und getrockneten Brombeeren vorsichtig unterheben.

Den Biskuit in Formen schneiden, halbieren und mit der Brombeersahne füllen.

Für das Topping den (restlichen) Puderzucker mit dem restlichen Acaipulver und dem Zitronensaft vermischen und auf die Küchlein geben.

> **Tipp:** *Acaipulver wird aus der Acaibeere hergestellt, einer kleinen lilafarbenen Frucht, die im Regenwald des Amazonas an der Kohlpalme wächst. Aufgrund des hohen Vitamin- und Antioxidantiengehalts ist die Frucht sehr beliebt. Das Pulver kann man online bestellen oder in veganen Supermärkten finden.*

Hefeteig, süß

Schokoladenbrot

Für 1 Brot

- 850 g süßer Hefeteig (Zubereitung siehe Seite 18)
- 30 g Kakaopulver, schwach entölt
- 50 g Walnüsse
- 100 g Zartbitter-Schokotropfen

Das Mehl aus dem Grundteig zusammen mit dem Kakaopulver in eine Schüssel sieben, mit den restlichen Zutaten den Teig nach Anleitung zubereiten und 30 Minuten gehen lassen.

In der Zwischenzeit die Walnüsse grob hacken und zusammen mit den Schokotropfen in den Teig einarbeiten. Eine Kastenform mit Backpapier auslegen, den Teig zu einer Rolle verarbeiten, in die Form geben und für 30 Minuten abgedeckt gehen lassen. Danach bei 180 °C für 25 Minuten auf mittlerer Schiene im Ofen backen. Die Form mit Aluminiumpapier abdecken und das Brot weitere 15 Minuten backen.

Tipp: *Das Brot vor dem Schneiden komplett auskühlen lassen, damit der Teig nicht bricht. Es schmeckt toll zum Frühstück mit veganem Frischkäse und/oder Marmelade.*

Rührteig, süß, glutenfrei

Cherry-Cheesecake gedreht

Für ca. 12 Törtchen

150 g	Rohrohrzucker
150 g	Süßkirschen
100 g	Margarine
400 g	Sojajoghurt
¾ Päckchen	Vanillepulver
½ TL	Abrieb von 1 Biozitrone

In einem Topf 50 Gramm Zucker mit 50 Milliliter Wasser zum Kochen bringen und auf kleiner Flamme einköcheln, bis die Masse Blasen wirft.

In der Zwischenzeit die Kirschen entsteinen und anschließend in die Zuckermasse geben. Den Topf von der Flamme nehmen. Kleine Förmchen einfetten oder mit Backpapier auslegen und die Kirschen einfüllen.

Die Margarine auf kleiner Flamme schmelzen. Den Sojajoghurt mit Vanillepulver, restlichem Zucker, Zitronenabrieb und der flüssigen Margarine mixen und in die Förmchen füllen. Die Förmchen in einem auf 160 °C vorgeheizten Ofen auf mittlerer Schiene 32 bis 35 Minuten backen. Die Kuchen komplett auskühlen lassen, damit das Soja-Eiweiß gerinnen und fest werden kann.

Hefeteig, süß, sojafrei

Nussblumen

Für 6 Blumen

300 g	süßer Hefeteig (Zubereitung siehe Seite 18)
75 g	Mandeln
75 g	Haselnüsse
75 g	Walnüsse
100 g	Zartbitterkuvertüre
50 g	Margarine, zimmerwarm
	Mehl für die Arbeitsfläche
	Fett für die Form
50 g	getrocknete Aprikosen

Den Hefeteig nach Anleitung zubereiten und gehen lassen.

In der Zwischenzeit Nüsse und Schokolade grob hacken und mit der zimmerwarmen Margarine mischen.

Den Teig vorsichtig durchkneten, auf einer bemehlten Arbeitsfläche dünn ausrollen und 12 Quadrate von ca. 10 × 10 Zentimeter Größe schneiden. Jeweils 2 davon versetzt in gefettete Mulden einer Muffinform legen und die überstehenden Ecken zu einer Blume ziehen. Die Aprikosen grob stückeln, in den Blumen verteilen und dann die Schoko-Nuss-Margarine-Mischung einfüllen.

Die Blumen bei 160 °C für 25 bis 30 Minuten auf mittlerer Schiene backen.

Halloween

Rührteig, süß

Gewürzte Kürbis-Haferflocken-Kekse

Für 15–20 Kekse

100 g	Hokkaidokürbis
200 ml	Rapsöl
130 g	Haferflocken
10 g	frischer Ingwer
2 EL	Sojamehl
125 g	Mehl
150 g	Rohrohrzucker
100 g	Kokosraspel
3 EL	Apfelmus, ungesüßt
1 TL	Zimtpulver

Den Kürbis waschen, halbieren, von den Kernen befreien und fein raspeln.

Das Öl in einem Topf erhitzen und die Haferflocken mit dem Kürbis dazugeben. Alles für 2 bis 3 Minuten unter ständigem Rühren andünsten. Den Ingwer von der Schale befreien und gerieben oder in kleine Würfel geschnitten dazugeben. Nun das Sojamehl mit 4 Esslöffel Wasser verrühren und gemeinsam mit den restlichen Zutaten unter die Masse heben.

Aus der Masse walnussgroße Kugeln formen, auf ein Backblech legen und mit einer Gabel oder der Handfläche flach drücken (ca. 2 Zentimeter).

Den Ofen auf 190 °C vorheizen und die Kekse für 15 bis 20 Minuten auf mittlerer Schiene backen.

Mürbeteig, herzhaft, sojafrei

Tarte Tatin mit Süßkartoffeln

Für 1 Tarte

400 g herzhafter Mürbeteig (Zubereitung siehe Seite 23)
300 g Süßkartoffeln
100 g rote Zwiebeln oder Lauchzwiebeln
25 g Rohrohrzucker
25 g Margarine
Salz
Zitronenpfeffer
Muskatnuss, frisch gemahlen

Diese Tarte wird auf dem Kopf gebacken. Dafür den Mürbeteig nach Anleitung zubereiten, rund ausrollen und zugedeckt für ca. 1 Stunde in den Kühlschrank stellen.

Den Backofen auf 170 °C vorheizen. In der Zwischenzeit die Süßkartoffeln schälen, die Zwiebeln abziehen und anschließend beides in dünne Scheiben schneiden.

Eine beschichtete, ofenfeste Pfanne auf einer Flamme erhitzen. Den Rohrohrzucker darin karamellisieren lassen, die Margarine hinzufügen und dann die Süßkartoffeln und Zwiebelringe gleichmäßig in der Pfanne verteilen. Alles kräftig mit Salz, Zitronenpfeffer und Muskat würzen. Den ausgerollten Teig auf das Gemüse legen, leicht andrücken und einige Male mit der Gabel einstechen.

Die Pfanne in den Ofen schieben und die Tarte ca. 20 Minuten auf mittlerer Schiene backen. Die Tarte mindestens 10 Minuten abkühlen lassen und dann auf einen großen Teller oder eine Kuchenplatte stürzen.

Mürbeteig, süß, sojafrei

Kürbis-Pie mit Zimtsahne

Für 1 Pie

100 g	Kürbiskerne
600 g	süßer Mürbeteig (Zubereitung siehe Seite 22)
	Fett für die Form
1	Hokkaidokürbis
10 g	Kokosfett
1 Stiel	Zitronengras
10 g	frischer Ingwer
50 g	Kokosflocken
100 g	vegane Sahne
1 TL	Zimtpulver
	Kürbiskerne und Zimtpulver zur Deko

Die Kürbiskerne in einem Mixer zerkleinern. Den Mürbeteig nach Rezept zubereiten und anschließend die Kürbiskerne untermischen. Den Teig in eine gefettete Kuchenform geben, sanft andrücken und in dem auf 165 °C vorgeheizten Backofen für 10 bis 12 Minuten blind backen.

In der Zwischenzeit den Hokkaido waschen, putzen, halbieren, entkernen, fein würfeln und in einem Topf mit dem Kokosfett anschwitzen. Das Zitronengras mit einem Messerrücken andrücken und im Ganzen zum Kürbis geben. Den Ingwer schälen, klein würfeln und ebenfalls in den Topf geben. Alles so lange anschwitzen, bis der Kürbis weich ist. Nun das Zitronengras entfernen und alles mit einem Stabmixer pürieren. Anschließend die Kokosflocken unter das Püree heben und auf dem gebackenen Teigboden verteilen.

Den Kuchen für weitere 10 Minuten im Ofen backen. In der Zwischenzeit die Sahne zusammen mit dem Zimt nach Anleitung aufschlagen und zum Schluss auf dem abgekühlten Kuchen verteilen. Mit ganzen Kürbiskernen und Zimtpulver dekorieren.

Rührteig, süß, glutenfrei

Karottenkuchen ohne Mehl

Für 6 Törtchen

Für den Teig:

2	Ei-Ersatz: 2 EL No Egg oder Sojamehl und 4 EL Wasser
200 g	Karotten
½	reife Banane
200 g	gemahlene Mandeln
100 g	Rohrohrzucker
100 g	Margarine, zimmerwarm
1 TL	Abrieb von 1 Biozitrone
1 Päckchen	Weinsteinbackpulver
1 Prise	Salz
½ TL	Zimtpulver
¼ TL	Muskatnuss, frisch gemahlen
¼ TL	Ingwerpulver
¼ TL	gemahlener Kardamom

Für den Ingwerkaramell:

50 g	Rohrohrzucker
10 g	frischer Ingwer, gerieben
20 g	vegane Sahne

Das Sojamehl oder No Egg mit dem Wasser verrühren. Die Karotten waschen, schälen, putzen und mit einer Reibe grob reiben. Die Banane schälen und in einer großen Schüssel zerdrücken. Banane und Ei-Ersatz mit den restlichen Teigzutaten gründlich verrühren. 6 Mulden einer Muffinform fetten oder mit Förmchen auslegen und den Teig einfüllen. Bei 170 °C für ca. 25 Minuten auf mittlerer Schiene im vorgeheizten Ofen backen.

Für den Ingwerkaramell den Rohrohrzucker, 30 Milliliter Wasser und Ingwer in einem Topf erhitzen und auf kleiner Flamme köcheln, bis ein goldgelber Sirup entsteht. Den Topf vom Herd nehmen und die Sahne untermischen. Anschließend den Topf auf kleine Flamme stellen und rühren, bis sich die Klumpen zu einer Sauce auflösen. Die Sauce über die Karottenküchlein geben.

Rührteig, süß

Flamm-Wrap mit Pflaumen und Mohnsahne

Für 3 Wraps

250 g	Dinkelmehl
2 EL	Albaöl (Rapsöl mit Butteraroma)
1 Prise	Salz
85 g	Rohrohrzucker
3–4	Pflaumen
150 g	Hafersahne
200 g	vegane Sahne
50 g	Mohn

125 Milliliter Wasser mit dem Dinkelmehl, Öl, Salz und 75 Gramm Zucker zu einem Teig verarbeiten und anschließend 60 Minuten ruhen lassen.

In der Zwischenzeit die Pflaumen waschen, halbieren, entsteinen und in dünne Spalten schneiden. In einem Topf den restlichen Zucker karamellisieren lassen, anschließend die Spalten dazugeben und einköcheln lassen.

Den Teig in drei Teile teilen und jeweils dünn ausrollen. Die Teigfladen mit Hafersahne bestreichen, mit den Pflaumen belegen und bei 180 °C für ca. 20 Minuten auf mittlerer Schiene im Ofen backen.

In der Zwischenzeit die Sahne zusammen mit dem Mohn aufschlagen und kurz vor dem Servieren auf den Flamm-Wrap geben, dann diesen einrollen. Nach Belieben mit Puderzucker bestäuben.

Knetteig, süß

Apfeltarte mit Pinienkernen

Für 1 Springform (ø 20 cm)

Für den Öl-Wein-Teig:

- 1 Ei-Ersatz: 1 TL No Egg oder Sojamehl und 1 EL Wasser
- 500 g Dinkelmehl
- 100 g Margarine
- 150 ml Olivenöl
- 175 ml Weißwein, lieblich
- 45 g Rohrohrzucker

Für die Füllung:

- 2 große Äpfel (Boskop)
- 25 g Rohrohrzucker
- 25 g Pinienkerne

Außerdem:

- Fett für die Form

Für den Teig den Ei-Ersatz mit Wasser in einer großen Schüssel anrühren. Die restlichen Zutaten dazugeben, zu einem geschmeidigen Teig kneten und anschließend 30 Minuten ruhen lassen.

In der Zwischenzeit die Äpfel schälen, vom Kerngehäuse befreien und in grobe Stücke schneiden. In einem Topf bei mittlerer Hitze den Rohrohrzucker karamellisieren lassen. Die Apfelwürfel und Pinienkerne dazugeben und einkochen lassen.

Eine Springform fetten und den Teig per Hand in die Form drücken. Gegebenenfalls einen Teil für Verzierungen oder ein Gitter zur Seite legen. Anschließend die Apfelmasse auf dem Teig verteilen, bei Bedarf mit den Teigresten verzieren oder ein Gitter auflegen und im Ofen bei 180 °C auf mittlerer Schiene für ca. 20 Minuten backen.

Weihnachtsbäckerei

Rührteig, süß, glutenfrei

Marzipan-Schoko-Nockerln

Für 15–20 Nockerln

200 g	gemahlene Mandeln
100 g	Puderzucker
1 TL	Natron
100 g	Marzipan
50 g	Zartbitterkuvertüre
1 TL	Abrieb von 1 Bioorange
75 ml	Milchalternative (Soja-, Reis- oder Haferdrink, natur)

Das Mandelmehl mit dem Puderzucker und Natron in einer Schüssel mischen. Den Marzipan in kleine Flocken reißen und in das Gemisch einarbeiten. Die Kuvertüre mit einem Messer sehr fein hacken und zusammen mit dem Orangenabrieb unter die Masse mischen. Zum Schluss die Milchalternative einarbeiten, bis ein feuchter Teig entsteht.

Mit einem Esslöffel Nockerln formen und diese auf ein mit Backpapier ausgelegtes Backblech geben.

Die Nocken im vorgeheizten Backofen bei 180 °C auf mittlerer Schiene für ca. 15 Minuten backen.

Tipp: *Den Esslöffel beim Formen der Nocken immer wieder in Wasser tauchen, damit sich der Teig besser vom Löffel löst.*

Rührteig, süß, glutenfrei, sojafrei

Kokos-Mohn-Makronen-berge

Für ca. 10 Makronen

2	Ei-Ersatz: 2 EL No Egg oder Sojamehl und 4-5 EL Wasser
70 g	Rohrohrzucker
1 Prise	Salz
1 TL	Agavensirup
25 g	Mehl
100 g	Kokosraspel
25 g	Mohn

Ei-Ersatz mit Wasser vermengen und kurz quellen lassen. Dann die restlichen Zutaten – außer dem Mohn – dazugeben und alles gut vermengen.

⅔ der Masse in einen Spritzbeutel geben und als größere Kleckse auf einem mit Backpapier ausgelegten Blech verteilen. Das restliche ⅓ mit dem Mohn vermischen, auch in den Spritzbeutel geben und gleichmäßig nach oben auslaufend auf den Teigklecksen verteilen.

Die Kokos-Mohn-Berge 15 bis 20 Minuten auf mittlerer Schiene im Ofen backen, bis die Bergspitzen braun sind. Vor dem Servieren auskühlen lassen.

Tipp: *Man kann die Berge nach dem Backen zusätzlich in Kokosraspeln wälzen.*

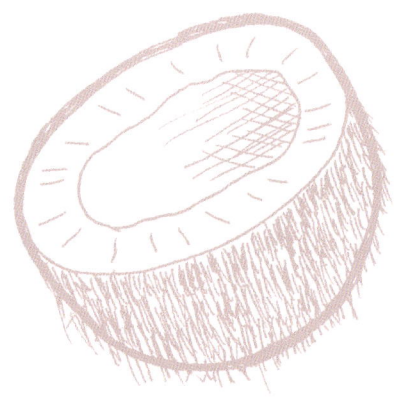

Hefeteig, süß

Monkey Bread

Für 1 Kranz

850 g	süßer Hefeteig (Zubereitung siehe Seite 18)
2 TL	Zimtpulver
200 g	Rohrohrzucker
	Fett für die Form
70 g	Margarine

Den Hefeteig nach Anleitung zubereiten und an einem warmen Ort gehen lassen.

In der Zwischenzeit Zimt und Rohrohrzucker mischen. Den Hefeteig vorsichtig durchkneten, kleine Kugeln formen und diese anschließend in eine eingefettete Gugelhupf-Form geben. Die Form zugedeckt für 30 Minuten an einen warmen Ort stellen, damit die Teigkugeln aufgehen können. Die Margarine in einem Topf schmelzen, mit dem Zimtzucker vermischen und gleichmäßig über dem Teig verteilen.

Das Monkey Bread bei 175 °C im Ofen für 30 bis 35 Minuten auf mittlerer Schiene backen. Anschließend vollständig abkühlen lassen und aus der Form stürzen. Nach Belieben mit Karamell garnieren.

Rührteig, süß

Winterliche Brownies

Für 1 Blech

20 g frischer Ingwer	500 g Mehl
100 g Walnüsse	170 g Kakaopulver
350 g Rohrohrzucker	1½ Päckchen Backpulver
30 g getrocknete Cranberrys	1 Messerspitze Natron
650 ml Milchalternative (Soja-, Reis- oder Haferdrink, natur)	150 ml Rapsöl
	Fett für das Blech

Den Ingwer schälen, in feine Würfel schneiden und die Walnüsse grob hacken. In einem Topf 50 Milliliter Wasser mit 50 Gramm Rohrohrzucker zum Kochen bringen und anschließend Walnüsse und Ingwer dazugeben. Sobald die Flüssigkeit Blasen wirft, die Masse auf ein Backpapier geben und auskühlen lassen. Die Cranberrys in 100 Milliliter Milchalternative aufkochen und anschließend abkühlen lassen.

Mehl, den restlichen Zucker, Kakao- und Backpulver sowie Natron in eine Schüssel geben und anschließend mit der restlichen Milchalternative, Öl und den eingeweichten Cranberrys vermischen. Das Walnuss-Ingwer-Karamell in feine Stücke brechen und unter den Teig heben.

Die Masse auf einem gefetteten Blech verteilen und bei 165 °C für 12 bis 14 Minuten auf mittlerer Schiene im Ofen backen.

Tipp: *Für ein Spekulatius-Topping 30 Gramm Reismilchschokolade mit 2 Esslöffel Puderzucker schmelzen. 2 Teelöffel Spekulatiusgewürz hinzugeben und alles abkühlen lassen. 200 Gramm vegane Sahne nach Anleitung aufschlagen und anschließend die erkaltete Schokoladenmischung unterheben. Das Topping auf die Brownies streichen.*

Rührteig, süß

Zucchini-Lebkuchen-Törtchen

Für 6 Törtchen

120 g	Zucchini
1 Prise	Salz
1 Prise	Pfeffer
1	Ei-Ersatz: 1 EL No Egg oder Sojamehl und 2 EL Wasser
250 g	Dinkelmehl
1 Päckchen	Vanillezucker
½ TL	Backpulver
1 TL	Natron
½ TL	Zimtpulver
½ TL	Ingwerpulver
2 TL	Lebkuchengewürz
80 ml	Rapsöl
120 ml	Zuckerrübensirup

Die Zucchini waschen, putzen und mit einer Raspel fein reiben. Salz und Pfeffer darübergeben und für 30 Minuten stehen lassen.

In der Zwischenzeit den Ei-Ersatz mit Wasser verrühren und quellen lassen.

In einer Schüssel Mehl, Vanillezucker, Backpulver und Natron mit den Gewürzen vermischen und anschließend Öl, Sirup und den Ei-Ersatz hinzugeben. Zum Schluss die Zucchini gründlich ausdrücken und unter den Teig heben. Den Teig in Muffinformen füllen und bei 180 °C für 20 bis 25 Minuten im Ofen backen.

Tipp: *Als Topping empfehle ich eine herbe Schokolade, die im Einklang mit den Gewürzen steht. Einfach bei geringer Hitze schmelzen und über die Törtchen geben. Nach Wunsch mit bunten Zuckerstreuseln dekorieren.*

Strudelteig, süß, glutenfrei

Feigenspiralen

Für ca. 8 Spiralen

200 g	getrocknete Feigen
200 ml	Rotwein
60 g	Rohrohrzucker
¼ TL	Pfeffer, frisch gemahlen
4 Blätter	Strudelteig
	Öl für die Form

Die Feigen vom Strunk befreien und ganz klein schneiden. Den Wein mit dem Rohrohrzucker und den Feigen in einen Topf geben und bei niedriger Hitze einkochen, bis sich die Feigen fast aufgelöst haben und alles eine marmeladenartige Konsistenz bekommt. Zum Schluss den Pfeffer dazugeben. Die Rotwein-Feigen-Marmelade auf Zimmertemperatur abkühlen lassen.

¼ der Marmelade auf 1 Strudelblatt verteilen, das nächste Blatt daraufflegen und ebenfalls bestreichen. Diesen Vorgang wiederholen, bis die Teigplatten und die Marmelade aufgebraucht sind.

Die Blätter zu einer Rolle drehen und in 6 Zentimeter lange Stücke schneiden.

Diese in geölten Muffinformen bei 180 °C ca. 20 Minuten auf mittlerer Schiene im Ofen backen, bis der Teig knusprig und goldgelb ist.

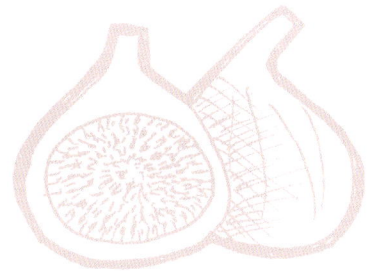

Hefeteig, süß, glutenfrei

Stollenkonfekt

Für ca. 20 Stück

100 g Rosinen	350 g Margarine, zimmerwarm
½ EL Abrieb von 1 Biozitrone	200 g Mohn
50 ml Orangenlikör	2 Päckchen Vanillezucker
90 ml Sojadrink	½ TL Salz
1 Würfel Hefe (42 g)	35 g Orangeat
100 g Rohrohrzucker	35 g Zitronat
500 g Dinkelmehl	300 g Puderzucker

Die Rosinen und abgeriebene Zitronenschale in eine Schüssel geben, mit Orangenlikör bedecken und einweichen lassen. Den Sojadrink in einem Topf auf maximal 30 °C erwärmen und anschließend in eine Schüssel geben. Die Hefe in die Flüssigkeit bröseln, 1 Prise Zucker zur Stärkung der Hefe dazugeben und ca. 10 Minuten an einem warmen Ort gehen lassen.

Das Mehl in eine große Rührschüssel sieben, dann 250 Gramm Margarine, restlichen Rohrohr- und Vanillezucker, Mohn, Salz und die Hefemischung hinzugeben und für 15 bis 20 Minuten durchkneten. Sobald der Teig nicht mehr klebt, das Orangeat, Zitronat und die abgetropften Rosinen dazugeben und nochmals kurz durchkneten.

Den Teig für 1 Stunde mit einem feuchten Tuch zugedeckt gehen lassen, anschließend vorsichtig durchkneten, eine 2 Zentimeter dicke Rolle formen und diese in 3 Zentimeter lange Stücke schneiden. Die Stücke auf einem mit Backpapier ausgelegten Backblech verteilen und erneut abgedeckt 20 Minuten gehen lassen.

In der Zwischenzeit den Ofen auf 200 °C vorheizen, das Konfekt für 15 Minuten auf mittlerer Schiene backen und danach auskühlen lassen. Anschließend die restliche Margarine schmelzen, die Konfektstücke kurz eintauchen und anschließend im Puderzucker wälzen.

Herzhaft, sojafrei

Pikanter Bratapfel

Für 4 Portionen

½	Zwiebel
3 EL	Albaöl (Rapsöl mit Butteraroma)
75 g	Räuchertofu
3 Blätter	frischer Salbei
250 ml	Milchalternative (Reis- oder Haferdrink, natur)
75 g	Polenta
30 g	Walnüsse, gehackt
4	Äpfel (Boskop)

Die Zwiebel abziehen, in feine Würfel schneiden und in einem Topf mit dem Öl anschwitzen. Den Räuchertofu ebenfalls in feine Würfel schneiden und zu der Zwiebel geben. Sobald die Zwiebel glasig ist, die fein gehackten Salbeiblätter hinzugeben. Nun mit der Milchalternative aufgießen, aufkochen lassen, die Polenta einrieseln und unter ständigem Rühren eindicken lassen.

Die gehackten Walnüsse unter die Polenta mischen. Die Äpfel waschen, trocknen, mit einem Kernausstecher vom Kerngehäuse befreien und mit der Polentamasse füllen.

Die Äpfel bei 180 °C auf einem mit Backpapier ausgelegten Blech für mindestens 10 Minuten auf der mittleren Schiene im Ofen backen.

Tipp: *Für das »Türmen« die Äpfel in Scheiben schneiden und mit der Polentamasse in eine ofenfeste Form schichten.*

Mürbeteig, süß

Vanillekipferl-Crumble mit Apfelchutney

Für 4 Gläser à 230 ml

200 g Dinkelmehl	2 Äpfel (Boskop)
½ EL Speisestärke	50 ml Apfelsaft
100 g gemahlene Mandeln	50 g Zucker
60 g Rohrohrzucker	1 Nelke
1 Prise Salz	¼ TL Zimtpulver
1 Vanilleschote	1 Prise Chilipulver
175 g Margarine	75 g Puderzucker

Das Mehl mit der Stärke, den Mandeln, dem Rohrohrzucker und dem Salz in einer großen Schüssel verrühren. Die Vanilleschote glatt streichen und der Länge nach halbieren, das Mark von einer halben Schote herauskratzen und in die Schüssel geben. Die Margarine in Würfel schneiden und mit einem Holzlöffel oder einer Küchenmaschine einarbeiten. Den Teig in Folie wickeln und für 1 Stunde in den Kühlschrank legen.

Den Teig 2 Zentimeter dick auf einem mit Backpapier ausgelegten Blech ausrollen und bei 175 °C für 12 bis 15 Minuten im Ofen backen. In der Zwischenzeit die Äpfel schälen, vom Kerngehäuse befreien und in feine Stücke schneiden. In einem Topf den Apfelsaft mit dem Zucker aufkochen. Nelke, Zimt- und Chilipulver und die Apfelstücke dazugeben und einkochen lassen. Anschließend das Apfelchutney in kleine backofenfeste Gefäße füllen.

Den Puderzucker mit dem Mark der anderen Vanilleschotenhälfte mischen. Den fertig gebackenen Teig in grobe Stücke brechen und im Vanillezucker wälzen. Kurz vor dem Servieren die Crumblestücke auf dem Chutney verteilen.

Mürbeteig, süß, sojafrei

Macadamia-Vanille-Sterne

Für 15–20 Sterne

240 g	Dinkelmehl
120 g	Rohrohrzucker
1 TL	Backpulver
1 TL	Natron
1 Prise	Salz
1	Vanilleschote
50 ml	neutrales Rapsöl
75 ml	Milchalternative (Reis- oder Haferdrink, natur)
100 g	Macadamianüsse
	Mehl für die Arbeitsfläche

In einer Schüssel Mehl, Rohrohrzucker, Backpulver, Natron und Salz mischen.

Vanilleschote glatt streichen, längs halbieren und das Mark herauskratzen. Öl, Milchalternative und das ausgekratzte Vanillemark in einem kleinen Gefäß mischen und unter die Mehlmischung heben. Die Macadamianüsse hacken, einige für die Dekoration beiseitelegen, und den Rest unter den Teig geben.

Den Teig auf einer bemehlten Arbeitsfläche 1 Zentimeter dick ausrollen und Sterne ausstechen.

Die Sterne auf ein mit Backpapier ausgelegtes Backblech legen und im vorgeheizten Ofen bei 180 °C für 10 bis 15 Minuten backen. Nach Belieben mit Zuckerguss und gehackten Macadamianüssen dekorieren.

Sonntagstafel

Hefeteig, süß

Rosinenzopf free style

Für 1 Zopf

850 g süßer Hefeteig
(Zubereitung siehe Seite 18)
150 g Rosinen
50 g Margarine, zimmerwarm
25 g Rohrohrzucker

Den Hefeteig nach Anleitung zubereiten und gehen lassen. Die Rosinen in den Teig einarbeiten.

Den Teig dritteln, aus den Stücken drei gleich große Rollen formen und diese zu einem Zopf flechten. Alles mit der warmen Margarine bestreichen und mit Rohrohrzucker bestreuen.

Den Zopf im Ofen bei 180 °C für 30 bis 40 Minuten backen.

Tipp: *Frischer Rosinenzopf schmeckt besonders gut mit Marmelade.*

Hefeteig, süß

Minischnecken mit Zimt

Für 12 Schnecken

600 g süßer Hefeteig
(Zubereitung siehe Seite 18)
60 g Margarine
2 TL Zimtpulver
4 EL Rohrohrzucker
Mehl für die Arbeitsfläche
12 Holzspieße

Den Hefeteig nach Anleitung zubereiten und gehen lassen.

In der Zwischenzeit die Margarine schmelzen und mit Zimt und Rohrohrzucker mischen.

Den Teig auf einer bemehlten Arbeitsfläche auf ca. 40 × 30 Zentimeter Größe ausrollen, mit der Margarine-Zimtzucker-Mischung bestreichen und von der langen Seite her aufrollen. Die Rollen in 2 Zentimeter dicke Scheiben schneiden und diese jeweils auf einen Spieß aufstechen.

Bei 200 °C für 7 bis 10 Minuten im Ofen backen.

Hefeteig, süß

Mohnbuchteln

Für 12 Stück

850 g süßer Hefeteig
(Zubereitung siehe Seite 18)

125 ml Milchalternative (Soja-, Reis- oder Haferdrink, natur)

100 g gemahlener Mohn

3 EL Rohrohrzucker

½ TL Abrieb von 1 Biozitrone

Fett für die Form

Den Teig nach Anleitung zubereiten und gehen lassen.

In der Zwischenzeit die Füllung zubereiten. Dafür in einem Topf die Milchalternative aufkochen, Mohn und Rohrohrzucker mit einem Schneebesen einrühren und mindestens 2 Minuten köcheln lassen. Die Masse vom Herd nehmen und einen Moment quellen lassen, zum Schluss den Zitronenabrieb hinzufügen.

Den Teig in 12 Stücke teilen und zu Kugeln formen. In jede Kugel eine Mulde drücken und 1 bis 1 ½ Esslöffel der Mohnmasse einfüllen. Die Kugeln in eine gefettete Form geben. Nochmals 15 Minuten gehen lassen und anschließend bei 185 °C für 30 bis 35 Minuten backen. Nach Belieben vor dem Servieren mit Puderzucker bestreuen.

Hefeteig, süß, sojafrei

Zimtfocaccia

Für ½ Blech

5 Blätter	Basilikum
250 g	Dinkelmehl
½ Würfel	Hefe (21 g)
2 TL	Rohrohrzucker
75 ml	Milchalternative (Reis- oder Haferdrink, natur)
30 ml	Rapsöl
	Rohrohrzucker und Zimtpulver zum Bestreichen

Die Basilikumblätter in feine Stücke zupfen. Das Mehl in eine Schüssel geben und in der Mitte eine Mulde formen. In die Mulde die Hefe und den Rohrohrzucker bröseln und die erwärmte Milchalternative dazugeben. Die Hefe 10 Minuten gehen lassen und anschließend den Teig kneten, bis dieser homogen und elastisch ist. Nun das Basilikum einarbeiten.

Die Teigkugel etwas einölen und in einer Schüssel mit einem feuchten Tuch abgedeckt für mindestens 2 Stunden gehen lassen. Danach den Teig auf 20 bis 25 Zentimeter Durchmesser ausrollen oder ausbreiten und auf ein Backblech legen. Mit den Fingern kleine Mulden in den Teig drücken. In einer kleinen Schüssel Öl, Rohrohrzucker und Zimt mischen. Die Ölmischung auf der Focaccia verteilen und am Ende das Ganze nochmal mit Rohrohrzucker bestreuen.

Im Ofen bei 200 °C für etwa 15 Minuten backen. Warm oder kalt servieren.

Rührteig, herzhaft, sojafrei

Kräuter-Scones

Für ca. 8 Scones

225 g	Dinkelmehl
1 TL	Backpulver
1 TL	Natron
½ TL	Salz
1 Prise	schwarzer Pfeffer
90 g	Margarine, kalt
100 ml	Milchalternative (Reis- oder Haferdrink, natur)
½ TL	frischer Thymian
¼ TL	frischer Rosmarin
¼ TL	frischer Salbei
	Mehl für die Arbeitsfläche

In einer Schüssel Mehl mit Backpulver, Natron, Salz und Pfeffer mischen. Die Margarine in Stücke schneiden und mit den Fingern schnell in die Mehlmischung einarbeiten. Zum Schluss die Milchalternative einarbeiten.

Die Kräuter hacken bzw. zupfen und vorsichtig unter den Teig geben. Den Teig auf einer bemehlten Arbeitsfläche ca. 2 Zentimeter dick ausrollen und in Rechtecke schneiden. Die Scones auf einem mit Backpapier ausgelegten Backblech verteilen und bei 180 °C für 15 bis 20 Minuten auf mittlerer Schiene im Ofen backen.

Tipp: *Dazu passt hervorragend ein Tomatensalat:*
Dafür 3 Tomaten halbieren, die Kerne entfernen und das Fruchtfleisch in kleine Stücke schneiden. 1 Schalotte abziehen und in sehr feine Würfel schneiden. Zum Schluss ¼ Bund Basilikum hacken, mit den Tomaten- und Schalottenwürfeln in eine Schüssel geben und alles mit einem guten Schuss Olivenöl vermischen. Mit Salz, Pfeffer und Oregano abschmecken und anschließend auf den fertigen Scones verteilen. Nach Wunsch Sojajoghurt oder veganen Frischkäse dazu reichen.

Rührteig, süß, glutenfrei, sojafrei

Haselnuss-Kastanien-Kuchen

Für 1 Springform (ø 20 cm)

200 g	gemahlene Haselnüsse
125 g	Kastanienmehl
100 g	Puderzucker
2 TL	Backpulver
½ TL	Salz
3 EL	Apfelmus (ungesüßt)
50 ml	Rapsöl
200 ml	Mineralwasser
50 g	Rosinen
20 g	Pinienkerne
	Öl für die Form
150 g	Zartbitterkuvertüre
50 g	Margarine

Gemahlene Haselnüsse, Kastanienmehl, Puderzucker, Backpulver und Salz in einer Schüssel gut vermischen. Dann Apfelmus, Rapsöl und Wasser vermischen und unter die trockenen Zutaten rühren. Die Rosinen und Pinienkerne fein hacken und unterheben. Die Springform mit Öl einfetten.

Den Teig einfüllen und bei 180 °C für 25 Minuten auf mittlerer Schiene im Ofen backen. Dann abgedeckt weitere 15 Minuten backen lassen.

Für die Schokoladen-Ganache die Zartbitterkuvertüre mit der Margarine schmelzen, abkühlen lassen und dabei immer wieder umrühren. Die Ganache auf dem Kuchen verteilen.

Tipp: *Der Haselnuss-Kastanien-Kuchen kann mit glacierten Kastanien und gezuckertem Rosmarin dekoriert werden. Dazu etwas braunen Zucker, Zitronensaft und Margarine in einer Pfanne langsam erhitzen und die gegarten Kastanien darin schwenken. Den Rosmarin zupfen und in etwas Walnussöl kross anbraten und dann mit braunem Zucker in der Pfanne mischen.*

Rührteig, herzhaft, sojafrei

Kräuter-Cupcakes mit Tomatenfrosting

Für ca. 12 Cupcakes

850 g	herzhafter Rührteig (Zubereitung siehe Seite 21)
1 TL	Thymian
½ TL	Rosmarin
¼ TL	Salbei
	Fett für die Form

Für ein Frosting auf Basis von Cashewkernen:		Für ein Frosting auf Basis von Margarine:	
170 g	Cashewkerne	125 g	Margarine
1 EL	Tomatenmark	1–2 TL	Tomatenmark
	Salz		Salz
	Pfeffer		Pfeffer
	Chili		Chili
			Agavendicksaft

Den Teig nach Anleitung zubereiten und kurz ruhen lassen. In der Zwischenzeit die Kräuter waschen, fein hacken bzw. zupfen. Die fein gehackten Kräuter in den Teig einarbeiten und diesen in eine gefettete Muffinform füllen.

Die Cupcakes bei 180 °C für 15 bis 20 Minuten im Ofen backen.

Für das Frosting auf Basis von Cashewkernen die Cashewkerne über Nacht in Wasser einweichen. Danach abgießen und mit 100 Milliliter Wasser und Tomatenmark in einem Standmixer zu einer cremigen Masse pürieren. Mit Gewürzen abschmecken. Das Frosting auf den Cupcakes verteilen.

Für das Frosting auf Basis von Margarine die zimmerwarme Margarine mit einem Schneebesen aufschlagen und anschließend Tomatenmark und Gewürze unterschlagen. Gegebenenfalls mit etwas Agavendicksaft abschmecken. Das Frosting auf den Cupcakes verteilen.

Biskuitteig, süß

Schokobiskuit mit Tiramisucreme

Für ca. 15 Biskuitstangen

1050 g	Biskuitteig
	(Zubereitung siehe Seite 24)
1 TL	Kakaopulver, schwach entölt
1 TL	lösliches Kaffeepulver
2 EL	Rohrohrzucker
½ Päckchen	Vanillepuddingpulver
250 ml	Sojamilch
250 g	vegane Sahne
1 Päckchen	Vanillezucker
	Kakaopulver zum Bestäuben

Den Biskuitteig nach Anleitung zubereiten und mit Kakao- und Kaffeepulver verfeinern. Auf einem Backblech den Teig dünn ausstreichen und bei 180 °C ca. 15 Minuten im Ofen backen. Etwas abkühlen lassen, in Streifen schneiden, in Rohrzucker wälzen und nochmal bei 200 °C 5 Minuten nachbacken.

Das Vanillepuddingpulver in 70 Milliliter kalte Sojamilch einrühren. Den Rest der Sojamilch in einem Topf zum Kochen bringen. Die Pudding-Sojamilch-Mischung unter ständigem Rühren in den Topf geben, für mindestens 1 Minute köcheln lassen und anschließend abkühlen lassen.

In der Zwischenzeit die Sahne mit dem Vanillezucker steif schlagen und unter die kalte Puddingcreme heben. Zum Servieren die Creme mit Kakaopulver bestäuben und zu den Biskuitstangen servieren.

Knetteig, süß

Cantuccini mit Lavendel und Zitrone

Für ca. 15 Cantuccini

300 g	Dinkelmehl
100 g	Rohrohrzucker
½ Päckchen	Backpulver
100 ml	Rapsöl
100 ml	Sojadrink
½ TL	Abrieb von 1 Biozitrone
¾ TL	Lavendel
100 g	ganze Mandeln

In einer Schüssel das Mehl mit dem Rohrohrzucker, Backpulver, Öl und dem Sojadrink gut vermischen. Danach den Zitronenabrieb, Lavendel und die Mandeln hinzufügen und nochmals gut vermengen.

Den Teig zu einer 3 bis 4 Zentimeter dicken und 30 Zentimeter langen Rolle formen und auf ein mit Backpapier ausgelegtes Blech legen.

Die Rolle ca. 15 Minuten bei 180 °C backen, aus dem Ofen nehmen und in ca. 2 Zentimeter dicke Scheiben schneiden. Dann die Stücke auf das Blech legen und weitere 15 bis 20 Minuten backen.

Hefeteig, herzhaft, sojafrei, zuckerfrei

Hefeschnecken mit Grillgemüse

Für 8–9 Schnecken

500 g	herzhafter Hefeteig (Zubereitung siehe Seite 19)
½	Zucchini
½	Fenchelknolle
2	Karotten
1	Zwiebel
1 EL	Sonnenblumen- oder Rapsöl
	Salz
	Pfeffer
2 TL	Oregano
1 TL	Thymian
	Margarine für die Form
	Mehl für die Arbeitsfläche

Den Teig nach Anleitung zubereiten und gehen lassen.

In der Zwischenzeit Zucchini, Fenchel und Karotten waschen und putzen und mit einem Gemüsehobel in sehr dünne Scheiben oder Stifte schneiden. Die Zwiebel abziehen, halbieren und in feine Streifen schneiden. Das Öl in einer Pfanne erhitzen, das Gemüse darin kurz 1 bis 2 Minuten anschwitzen und kräftig mit Salz und Pfeffer würzen. Das Gemüse von der Flamme nehmen, am besten in eine Schüssel geben, um den Garprozess zu unterbrechen, und anschließend die fein gehackten Kräuter unterheben.

Eine Springform (ø 20 cm) mit Margarine einfetten. Den Teig auf einer bemehlten Fläche dünn ausrollen. Das abgekühlte Gemüse darauf verteilen und dabei möglichst keinen Rand lassen. Den Teig vorsichtig aufrollen und in ca. 3 Zentimeter lange Stücke schneiden. Diese dann eng in der Springform anordnen, an einem warmen Ort 10 bis 15 Minuten gehen lassen.

Anschließend im Ofen bei 180 °C auf mittlere Schiene für 40 bis 50 Minuten backen. Gegebenenfalls die Form nach 40 Minuten abdecken, damit der Teig nicht verbrennt.

Rührteig, herzhaft

Polenta-Pizza

Für 1 Blech

100 g Margarine	1 Apfel	100 g Spargel
½ Zwiebel	100 g Mangold	1 EL Albaöl (Rapsöl mit Butteraroma)
1 TL Salbei	20 g Räuchertofu	1 TL Zitronensaft
100 ml Sojamilch	1 EL Rapsöl	30 g veganer Schmelzkäse
200 ml Gemüsebrühe	Muskatnuss, frisch gemahlen	100 g Champignons
Salz	1 Knoblauchzehe	1 EL Tomatenmark
Pfeffer	2 Thymianzweige	1 Schalotte
200 g Polentagrieß	3 EL Olivenöl	
	75 g Oliven-Mix	

Die Margarine in einen Topf geben und erhitzen. Zwiebel abziehen, hacken und die gehackten Salbeiblätter dazugeben. Die Zwiebel in der Margarine glasig dünsten und mit der Sojamilch und Gemüsebrühe aufkochen. Alles mit Salz und Pfeffer würzen. Ein Blech mit Frischhaltefolie auslegen und in die Nähe stellen. Nun mit einem Schneebesen den Grieß in den Topf rühren und die Masse für 1 Minute unter ständigem Rühren köcheln lassen. Achtung, es kann spritzen! Anschließend die Masse auf dem Blech dünn ausstreichen und kalt stellen.

Den Apfel waschen, entkernen und in feine Stifte schneiden. Den Mangold waschen, putzen und mit dem Räuchertofu in Streifen schneiden. Den Räuchertofu in einer heißen Pfanne in dem Rapsöl anbraten und anschließend den Mangold sowie die Apfelstifte mit anschwitzen. Mit Salz und Muskat würzen und auf einem Teil der Pizza verteilen.

Den Knoblauch abziehen, mit einem breiten Messerrücken andrücken und in einer Pfanne mit dem Thymian und 2 Esslöffel Olivenöl anschwitzen. Dann die Oliven dazugeben, anschwitzen und auf einem Teil der Pizza verteilen.

Den Spargel schälen, putzen und in grobe Stücke schneiden. Diese mit dem Albaöl, dem Zitronensaft und 1 Prise Salz marinieren. Den Schmelzkäse und den Spargel auf einem Teil der Pizza verteilen.

Die Champignons in Scheiben schneiden. Wenig Tomatenmark auf einen Teil des Pizzabodens streichen. Salz, Pfeffer und 1 Esslöffel Olivenöl darübergeben. Die Schalotte abziehen, in Streifen schneiden und mit den Champignonscheiben auf die Pizza geben. Die Pizza bei 180 °C auf mittlerer Schiene für ca. 20 Minuten im Ofen backen.

Ofenfrische Geschenkideen

herzhaft, glutenfrei, sojafrei, zuckerfrei

Maismuffins mit Paprika

Für 6 Muffins

1 EL	gemahlener Leinsamen
145 g	Maismehl
1 TL	Backpulver
¼ TL	Salz
1 Prise	Pfeffer
⅔ TL	Ras el-Hanout
½	Knoblauchzehe
½	Paprikaschote
1	Lauchzwiebel
40 ml	Öl
125 ml	Milchalternative (Reis- oder Haferdrink, natur)
	Öl zum Bepinseln

Leinsamen in einer großen Schüssel mit 2 Esslöffel Wasser vermischen und mindestens 10 Minuten quellen lassen. Mehl mit Backpulver, Salz, Pfeffer und Ras el-Hanout gründlich mischen.

Die Paprikaschote waschen, entkernen und fein würfeln. Die Lauchzwiebel waschen, putzen, in feine Ringe schneiden. Den Knoblauch abziehen und fein reiben. Nun Paprikawürfel, Lauchzwiebelringe und Knoblauch zusammen mit dem Öl und der Milchalternative in die Schüssel zur Leinsaat geben und alles vermischen. Zum Schluss die Mehlmischung in die Schüssel geben und das Ganze zu einem Teig verrühren.

Eine Muffinform einfetten oder mit Förmchen auslegen, den Teig einfüllen und großzügig mit Öl bepinseln.

Bei 180 °C 20 bis 25 Minuten im heißen vorgeheizten Ofen backen.

Tipps: *Confierter Knoblauch – dieser wurde in Läuterzucker (1 Teil Zucker und 1 Teil Wasser) aufgekocht und getrocknet – ist nicht mehr scharf und macht keinen Mundgeruch, deshalb ist er zu empfehlen. Die Muffins schmecken auch als Beilage zu einem Chili sin Carne gut oder als Snack auf einer Party.*

Zebrakuchen im Glas

Für ca. 6 Gläser à 230 ml

650 g süßer Rührteig
    (Zubereitung siehe Seite 20)
3 TL Kakaopulver, schwach entölt

Den Rührteig nach Anleitung zubereiten, halbieren und in 2 Schüsseln geben. Eine Hälfte mit dem Kakaopulver mischen. Die Teige abwechselnd mit einem Esslöffel in die Gläser füllen, bis diese zu ⅔ voll sind.

Bei 180 °C für 25 bis 30 Minuten im Ofen backen, bis der Teig goldbraun ist.

Tipp: *Wenn die Kuchen gestürzt werden sollen, dann gerade Gläser verwenden und diese vorher einfetten.*

Rührteig, süß, glutenfrei, sojafrei

Buchweizen-Bananen-Drops

Für 12 Drops

1 TL	gemahlener Leinsamen
2	kleine Bananen (sehr reif)
120 ml	Milchalternative (Reis- oder Haferdrink, natur)
½ EL	Kakaopulver
2 EL	Rohrohrzucker
120 g	Buchweizenmehl
½ TL	Backpulver
¼ TL	Salz
1 TL	Rapsöl
½ TL	Apfelessig (trüb)
1 Prise	gemahlener Kardamom
1 Prise	Chilipulver
	Fett für die Form

Zuerst den Leinsamen mit 3 Esslöffel Wasser in einer Schüssel mischen und für 10 Minuten quellen lassen.

In der Zwischenzeit die Bananen schälen und mit einer Gabel oder einem Stabmixer fein zerkleinern. Aus der Milchalternative, dem Kakao und dem Rohrohrzucker einen Schokodrink herstellen und zusammen mit Banane, Mehl, Backpulver, Salz, Öl und Essig zur Leinsaat geben. Alles gut mischen, bis eine homogene Masse entsteht. Die Hälfte des Teiges mit Kardamom und die andere mit Chili würzen. Den Teig in eine gefettete, backfeste 12-er-Pralinenform oder Minimuffinform füllen.

Bei 175 °C für ca. 20 Minuten im Ofen backen.

Tipp: Da dem Teig der Kleber fehlt, der dafür sorgt, dass der Teig aufgeht, geht dieser nur minimal auf.

Rührteig, herzhaft, sojafrei

Zucchinikuchen im Glas

Für ca. 6 Gläser à 230 ml

650 g	herzhafter Rührteig (Zubereitung siehe Seite 21)
120 g	Zucchini
1 Prise	Salz
½ TL	Thymian
1 Prise	Cayennepfeffer

Den Rührteig nach Anleitung zubereiten. Die Zucchini waschen, putzen und anschließend in kleine Stifte schneiden oder grob raspeln. Die Zucchini mit dem Salz würzen und 10 Minuten entwässern lassen. Dann die Zucchini ausdrücken und mit Thymian und Cayennepfeffer gewürzt unter den Teig heben.

Den Teig in die Gläser füllen, bis diese zu ⅔ voll sind. Bei 180 °C für 25 bis 30 Minuten im Ofen backen, bis der Teig schön goldbraun ist.

Tipp: *Wenn die Kuchen gestürzt werden sollen, dann gerade Gläser verwenden und diese vorher einfetten.*

Rührteig, süß, sojafrei

Bratapfelkuchen im Glas

Für ca. 6 Gläser à 230 ml

650 g süßer Rührteig
(Zubereitung siehe Seite 20)
30 g Rosinen
1 Apfel (Boskop)
50–70 g Marzipan
75 g Mandelblättchen

Den Rührteig nach Anleitung zubereiten und anschließend die Rosinen unterrühren. Den Apfel schälen, entkernen und in sechs dicke Spalten schneiden. Diese mit dem Marzipan umhüllen und mit den Mandelblättchen spicken. Die Gläser zur Hälfte mit dem Teig befüllen und eine Apfelspalte pro Glas hineinsetzen. Nun den restlichen Teig dazugeben. Die Gläser sollten maximal zu ⅔ gefüllt sein.

Bei 180 °C für 25 bis 30 Minuten auf mittlerer Schiene im Ofen backen, bis der Teig schön goldbraun ist. Die Kuchen halten sich verschlossen 3 bis 4 Tage und bleiben saftig.

Tipp: *Wenn die Kuchen gestürzt werden sollen, dann gerade Gläser verwenden und diese vorher einfetten.*

Mürbeteig, herzhaft

Pastinaken-Karotten-Tarte mit Petersiliencreme

Für 1 Tarteform (ø 26 cm)

650 g	herzhafter Mürbeteig (Zubereitung siehe Seite 23)
200 g	Pastinaken
150 g	Karotten
50 g	Margarine
200 g	Sojajoghurt
⅓ EL	Speisestärke
¼ Bund	Petersilie, gehackt
1	Thymianzweig
½	Knoblauchzehe, gehackt
	Salz
	Szechuanpfeffer
70 g	veganer Schmelzkäse

Den Mürbeteig nach Anleitung zubereiten, in eine mit Backpapier ausgelegte Backform drücken und im Kühlschrank kalt stellen.

Die Pastinaken und Karotten schälen, putzen und in dünne Scheiben schneiden. Die Margarine in einem Topf bei geringer Hitze schmelzen. In einer Schüssel den Joghurt mit der Stärke vermischen, die Margarine hinzugeben und anschließend mit Kräutern, Knoblauch und den Gewürzen abschmecken.

⅓ der Joghurtsauce auf dem Teigboden verstreichen und das Gemüse darauf verteilen. Nun die restliche Sauce und dann den Käse darauf verteilen.

Die Tarte bei 175 °C für 35 bis 40 Minuten auf mittlerer Schiene im Ofen goldgelb backen.

Rührteig, herzhaft, sojafrei

Rosmarin-Aprikosen-Kuchen im Glas

Für ca. 6 Gläser à 230 ml

- 50 g Rohrohrzucker
- 6 frische Rosmarinzweige
- 550 g herzhafter Rührteig (Zubereitung siehe Seite 21)
- 200 g getrocknete Aprikosen

50 Milliliter Wasser mit dem Zucker und dem Rosmarin in einem Topf aufkochen und 5 Minuten köcheln lassen. Den Rosmarin herausnehmen und auf einem mit Backpapier ausgelegten Blech für ca. 10 Minuten bei 160 °C im Ofen trocknen lassen.

In der Zwischenzeit den Rührteig nach Anleitung zubereiten. Die Aprikosen fein schneiden, die Rosmarinnadeln von den Zweigen zupfen und zusammen mit den Aprikosen unter den Teig geben.

Die Gläser zu ⅔ füllen und bei 180 °C für 25 bis 30 Minuten im Ofen backen, bis der Teig goldbraun ist.

Tipp: *Wenn die Kuchen gestürzt werden sollen, dann gerade Gläser verwenden und diese vorher einfetten.*

Für die Sweet-Orange-Füllung:
- ½ TL Agar-Agar
- 100 ml Orangensaft
- ½ TL Orangenzesten
- 100 g vegane Sahne
- 100 g Sojajoghurt, natur

Für die Gemüsefüllung:
- 200 g Paprika
- 1 Schalotte
- 2 EL Pinienkerne
- 1 EL Olivenöl
- 1 Thymianzweig
- Salz
- Pfeffer
- 1 TL Aceto balsamico
- 200 g Sojajoghurt, natur
- ½ EL Speisestärke
- 50 g veganer Schmelzkäse

Für die Olivenfüllung:

- 50 g Oliven (schwarz und grün)
- ¼ TL Fenchelsamen
- ½ TL Zucker
- ½ TL Oregano
- 2 EL Zitronensaft
- 200 g Sojajoghurt, natur
- ½ EL Speisestärke
- 50 g veganer Schmelzkäse

Crostata mediterran

Für den Crostata-Teig:

- 2 Ei-Ersatz: 2 EL No Egg oder Sojamehl und 4 EL Wasser
- 200 g Margarine
- 210 g Dinkelmehl
- 65 g Maismehl
- Salz
- Fett für die Förmchen

Für die süße Variante außerdem:

- 75 g Rohrohrzucker

Knetteig, süß und herzhaft

Crostata mediterran

Für 6 Portionen

(Zutaten siehe Seite 132/133)
Crostata-Teig: Den Ei-Ersatz mit dem Wasser mischen und quellen lassen. Margarine, beide Mehlsorten, 1 Prise Salz und Ei-Ersatz in einer Schüssel zu einem Teig verarbeiten und kühl stellen.

Für die süße Crostata ⅓ des Teiges mit dem Rohrohrzucker vermischen, in gefettete Förmchen drücken und bei 160 °C für 12 Minuten im Ofen blind backen.

Sweet-Orange-Füllung: Das Agar-Agar in den Orangensaft rühren, mit den Zesten aufkochen und anschließend auf ca. 50 °C abkühlen lassen. Die Sahne steif schlagen. Den abgekühlten Orangensaft mit dem Joghurt verrühren und dann unter die Sahne heben. Auf den fertig gebackenen süßen Teigböden verteilen und kalt stellen.

Gemüsefüllung: Paprika waschen, entkernen und in kleine Stücke schneiden. Die Schalotte abziehen und ebenfalls fein würfeln. Die Pinienkerne in einer heißen Pfanne braun rösten und dann das Öl mit dem Thymianzweig sowie Paprika- und Schalottenwürfeln dazugeben. Alles anschwitzen, mit Salz, Pfeffer und Balsamico abschmecken und in eine Schüssel geben. Den Joghurt mit der Speisestärke und dem Schmelzkäse vermischen und in die Schüssel geben. Die Masse durchrühren, gegebenenfalls nachwürzen.

Olivenfüllung: Oliven entsteinen und in feine Scheiben schneiden. Die Fenchelsamen mit dem Zucker in einer heißen Pfanne karamellisieren lassen und anschließend Oliven und Oregano dazugeben, mit dem Zitronensaft ablöschen und kurz einköcheln lassen. Anschließend zum Abkühlen in eine Schüssel geben. Den Joghurt mit der Speisestärke und dem Schmelzkäse vermischen und ebenfalls in die Schüssel geben. Die Masse durchrühren, gegebenenfalls nachwürzen.

Für die herzhaften Crostatas den Teig in die gefetteten Förmchen geben und danach die Massen einfüllen. Bei 190 °C ca. 30 Minuten goldgelb auf mittlerer Schiene im Ofen backen und vor dem Servieren abkühlen lassen.

Filoteig, süß, sojafrei

Feigen-Baklava

Für 1 Blech

24 Blätter	Filoteig
100 ml	Pflanzenöl

Für die Nussmasse:

150 g	getrocknete Feigen
250 g	gemahlene Walnüsse
100 g	Walnüsse, grob gehackt
½ TL	Zimtpulver
¼ TL	Nelkenpulver
100 g	Zucker

Für den Zuckersirup:

200 g	brauner Zucker
2 EL	Agavendicksaft
1 Stück	Zitronenschale

Die Feigen klein schneiden und mit den restlichen Zutaten für die Nussmasse vermischen. Ein Backblech (ca. 25 × 25 cm) einölen.

1 Blatt Filoteig auf das Blech legen und einölen; das wiederholen, bis 8 Blätter übereinander liegen. ⅓ der Nussmasse darauf verteilen und nochmals 4 Teig-Öl-Schichten auflegen. Dieses Vorgehen wiederholen und als letzte Schicht wieder 8 Blätter verwenden. Die Baklava schneiden und bei 200 °C für 20 Minuten im Ofen backen, bis der Teig knusprig und bronzefarben ist.

In der Zwischenzeit den Zuckersirup vorbereiten. Alle Zutaten mit 100 Milliliter Wasser in einem Topf vermischen und 15 Minuten kochen lassen. Den Zuckersirup sofort auf die heißen Baklava gießen und mindestens 4 Stunden stehen lassen. Vor dem Servieren die Zitronenschale von den Baklava nehmen.

Tipp: *Mit Granatapfelkernen dekorieren.*

Schnelles für unerwartete Gäste

Blätterteig, süß, sojafrei

Millefoglie

Für 4 Portionen

2 EL	Rohrohrzucker
100 g	Blätterteig
1 Glas	Sauerkirschen (ca. 680 g)
1 EL	Speisestärke
	Szechuanpfeffer
½ TL	Abrieb von 1 Biozitrone
1	Vanilleschote
200 g	vegane Sahne
	Puderzucker nach Belieben

Den Rohrohrzucker auf dem Blätterteig verteilen und anschließend den Teig mit einem Nudelholz sehr dünn ausrollen. Die Platte in gleichmäßige Vierecke schneiden.

Im Ofen bei 160 °C für 8 bis 10 Minuten backen, bis die Platten knusprig sind.

Die Sauerkirschen abtropfen lassen und den Saft auffangen. ⅔ des Saftes in einem Topf aufkochen und mit Zucker abschmecken. Die Stärke in den restlichen Saft einrühren und unter Rühren langsam zum kochenden Kirschsaft geben. Diesen noch einmal aufkochen lassen, vom Herd ziehen und die Kirschen einrühren. Mit dem Szechuanpfeffer und dem Zitronenabrieb abschmecken und abkühlen lassen.

In der Zwischenzeit die Vanilleschote glatt streichen, der Länge nach halbieren, das Mark herauskratzen und mit der Sahne nach Anleitung steif schlagen. Nach Belieben mit etwas Puderzucker süßen.

Die Sahne, die Kirschen und den Blätterteig vor dem Servieren schichten.

Blätterteig, süß, sojafrei

Schnelle Blätterteigmuffins mit Äpfeln und Nüssen

Für 6 Muffins

300 g	Blätterteig
50 g	Mandeln
50 g	Walnüsse
50 g	Haselnüsse
200 g	Äpfel (Boskop)
1 EL	Rohrohrzucker

Den Blätterteig in Vierecke schneiden, die ca. 1 Zentimeter über die Mulde einer Muffinform reichen. Gegebenenfalls mit einem Nudelholz ausrollen. Die Muffinform gründlich einfetten oder mit Papierförmchen auslegen. Nun 2 Teigplatten um 45 Grad versetzt über die Mulde legen und vorsichtig, geht gut mit einem Glas, in die Mulde drücken.

Die Nüsse im Ganzen in einer heißen Pfanne kurz rösten und abkühlen lassen. Sie sollten auf keinen Fall schwarz werden. Die Äpfel schälen, entkernen und in grobe Würfel schneiden. In der Pfanne den Rohrohrzucker karamellisieren lassen, anschließend die Apfelwürfel dazugeben und auf kleiner Flamme einköcheln lassen. Die Nüsse nun grob hacken und zusammen mit den Apfelstücken in die Form füllen.

Bei 165 °C für ca. 12 Minuten auf mittlerer Schiene im Ofen backen.

Blätterteig, süß, sojafrei

Blätterteigstangen mit süßen Füllungen

Für 8 Stangen

Banana-meets-Chocolate-Füllung:

- 20 g Schokolade
- ½ reife Banane
- 1 EL Agavendicksaft
- 1 Messerspitze Chilipulver

Sweet-Apple-Füllung:

- 1 Apfel
- 2 getrocknete Datteln, entkernt
- 20 g Haselnüsse
- Zimtpulver

Für den Teig:

- 400 g Blätterteig, zimmerwarm
- 2 EL Albaöl (Rapsöl mit Butteraroma)

Banana meets Chocolate: Schokolade grob raspeln, die Banane mit einer Gabel zerdrücken und beides zusammen mit dem Agavendicksaft und dem Chilipulver vermischen.

Sweet Apple: Den Apfel schälen, entkernen und zusammen mit den Datteln in feine Würfel schneiden. Die Haselnüsse grob hacken und in einer Pfanne sanft anrösten. Die Apfel- und Dattelwürfel dazugeben und kurz andünsten. Mit Zimt abschmecken.

Den Blätterteig ausrollen und in 4 ca. 7 Zentimeter breite Streifen schneiden. Danach jede Füllung der Länge nach auf die Hälften der Streifen geben und diese anschließend zu der anderen Seite einrollen. Die Stangen mit Öl bepinseln und bei 175 °C ca. 12 Minuten im Ofen backen, bis sie goldgelb sind.

Blätterteig, herzhaft, sojafrei

Blätterteigstangen mit herzhaften Füllungen

Für die Mediterranfüllung:
2 EL getrocknete Tomaten in Öl
2 EL Oliven, entsteint
1 TL Kapern
1 TL Pinienkerne

Für die Green-Garlic-Füllung:
30 g gehobelte Mandeln
½ Schalotte
½ Knoblauchzehe
1 EL Öl
100 g frischer Spinat
1 Prise Muskatnuss, frisch gemahlen
Salz
Pfeffer

Für den Teig:
400 g Blätterteig, zimmerwarm
2 EL Albaöl (Rapsöl mit Butteraroma)

Mediterranfüllung: Die Tomaten in feine Streifen, die Oliven in Scheiben schneiden und die Kapern und Pinienkerne fein hacken. Zutaten in einer Schüssel vermischen.

Green-Garlic-Füllung: Mandeln in einer heißen Pfanne braun anrösten. In der Zwischenzeit die Schalotte abziehen, in Ringe schneiden, Knoblauch abziehen, hacken und beides mit dem Öl in die Pfanne zu den Mandeln geben. Anschließend den geputzten und in Streifen geschnittenen Spinat dazugeben und mitdünsten. Mit Muskat, Salz und Pfeffer abschmecken und abkühlen lassen.

Den Blätterteig ausrollen und in 4 ca. 7 Zentimeter breite Streifen schneiden. Danach jede Füllung der Länge nach auf die Hälften der Streifen geben und diese anschließend zu der anderen Seite einrollen. Die Stangen mit Öl bepinseln und bei 175 °C ca. 12 Minuten im Ofen backen, bis sie goldgelb sind.

Blätterteig, herzhaft, sojafrei

Reis-Pilz-Taschen

Für ca. 6 Taschen

150 g	Risottoreis
	Salz
80 g	Zwiebel
200 g	Austernpilze
100 g	Shiitakepilze
2 EL	Rapsöl
100 g	Hafersahne
½ EL	Thymian
½ TL	Majoran
	Pfeffer
¼ Bund	Petersilie, gehackt
400 g	Blätterteig

Den Risottoreis in gesalzenem Wasser weich kochen.

Die Zwiebel abziehen, die Austern- und Shiitakepilze putzen und alles in grobe Würfel schneiden. Die Pilzwürfel in einer Pfanne mit dem Öl scharf anbraten. Sobald die Pilze Farbe bekommen, die Zwiebelwürfel dazugeben, das Ganze salzen und glasig dünsten. Die Sahne, Thymian und Majoran dazugeben und einköcheln lassen.

Den Reis mit den Pilzen mischen, mit Salz und Pfeffer abschmecken und die gehackte Petersilie dazugeben. Den Blätterteig in Quadrate schneiden und in der Mitte mit Reis und Pilzen belegen. Die Ecken der Quadrate zueinander klappen, die Ecken eindrehen und so verschließen.

Auf einem Backblech bei 180 °C auf mittlerer Schiene für 15 Minuten im Ofen backen, bis die Taschen braun sind.

Filoteig, herzhaft, sojafrei

Artischocken-Pilz-Bonbons

Für 6 Stück

200 g	Artischocken (aus dem Glas)
50 g	Zwiebeln
100 g	Räuchertofu
150 g	Kräuterseitlinge
100 g	Champignons
2 EL	Öl
	Salz
	Pfeffer
½	Knoblauchzehe, gehackt
1 EL	Tamari
½ TL	Thymian
½ Bund	Petersilie, gehackt
1 Messerspitze	Chilipulver
200 g	Filoteig

Die Artischocken in einem Sieb abtropfen lassen, anschließend grob hacken und in eine Schüssel geben. Die Zwiebel abziehen und mit dem Räuchertofu in feine Würfel schneiden. Die Kräuterseitlinge und Champignons grob hacken und in einer heißen Antihaftpfanne zuerst ohne Fett anschwitzen. Zwiebeln, Räuchertofu und Öl dazugeben, sobald die Pilze Farbe bekommen. Erst jetzt mit Salz, Pfeffer, Knoblauch, Tamari und Thymian würzen. Sobald die Pilze gar sind, die Pfanne von der Flamme nehmen, zu den Artischocken geben und die frisch gehackte Petersilie unterheben. Gegebenenfalls mit Salz, Pfeffer und Chili abschmecken.

Nun die Teigplatten auslegen, in 12 Vierecke schneiden, mit der Pilzmischung belegen und jeweils wie ein Bonbon einrollen. Auf ein Backblech legen und bei 175 °C auf mittlerer Schiene für 15 bis 18 Minuten im Ofen ausbacken.

Herzhaft, zuckerfrei, sojafrei

Flammkuchen mit Chicorée und Birnen

Für 1 Flammkuchen

½ Würfel	Hefe (21 g)
1 Prise	Zucker
200 g	Dinkelmehl
2 EL	Olivenöl
100 g	Hafersahne
	Salz
	Pfeffer
1 TL	Speisestärke
1	Birne
2	Chicoréestauden
1	rote Zwiebel

100 Milliliter Wasser auf maximal 45 °C erwärmen, mit der Hefe und dem Zucker in einer Schüssel vermischen und 5 Minuten ruhen lassen. Das Mehl und 1 Esslöffel Olivenöl dazugeben und zu einem geschmeidigen Teig verarbeiten. Den Teig abdecken und an einem warmen Ort für mindestens 30 Minuten gehen lassen.

Die Hafersahne mit Salz und Pfeffer würzen und die Stärke einrühren.

Die Birne waschen, vierteln, entkernen und in dünne Spalten schneiden. Den Chicorée waschen, vierteln, vom Strunk befreien und in feine Streifen schneiden. Die Zwiebel abziehen und ebenfalls in feine Streifen schneiden. Die Birne mit Chicorée, Zwiebel und dem restlichen Olivenöl mischen und mit Salz und Pfeffer würzen. Den Teig dünn ausrollen, erst die Hafersahne und dann die Birnen-Gemüse-Mischung darauf verteilen.

Bei 180 °C für 16 bis 18 Minuten im Ofen backen.

Hefeteig, herzhaft, zuckerfrei

Flammkuchen mit Sauerkraut, Paprika und Räuchertofu

Für 1 Flammkuchen

½ Würfel Hefe (21 g)	1 TL Speisestärke
1 Prise Zucker	1 rote Zwiebel
200 g Dinkelmehl	1 Paprikaschote
2 EL Olivenöl	1 Thymianzweig
100 g Hafersahne	70 g Sauerkraut
Salz	1 Messerspitze Kümmel
Pfeffer	50 g Räuchertofu
	1 EL Tamari

100 Milliliter Wasser auf maximal 45 °C erwärmen, mit der Hefe und dem Zucker in einer Schüssel vermischen und 5 Minuten ruhen lassen. Das Mehl und 1 Esslöffel Olivenöl dazugeben und zu einem geschmeidigen Teig verarbeiten. Den Teig zudecken und an einem warmen Ort für mindestens 30 Minuten gehen lassen.

Die Hafersahne mit Salz und Pfeffer würzen und die Stärke einrühren.

Die Zwiebel abziehen, halbieren und in dünne Streifen schneiden. Die Paprika waschen, putzen, in Streifen schneiden und mit ⅓ der Zwiebelstreifen, dem restlichen Olivenöl, Thymian und Salz marinieren. Das Sauerkraut mit ⅓ der Zwiebelstreifen und dem Kümmel mischen.

Den Räuchertofu in feine Streifen schneiden, in einer Pfanne das Rapsöl erhitzen und den Räuchertofu darin anbraten. Mit Tamari ablöschen, die restlichen Zwiebeln dazugeben, kurz anschwitzen und von der Flamme nehmen.

Den Teig in 3 Teile schneiden, dünn ausrollen, die Hafersahne und die drei Füllungen darauf verteilen. Die Flammkuchen bei 220 °C für 10 bis 12 Minuten auf mittlerer Schiene im Ofen backen.

Brot & Co.

Hefeteig, herzhaft, sojafrei

Pekan-Oliven-Ciabatta

Für 3 Ciabatta

70 g	Oliven, gemischt
70 g	Pekannüsse
1 Würfel	Hefe (42 g)
1 Prise	Zucker
500 g	Dinkelmehl
10 g	Salz
½ TL	Thymian
¼ TL	Oregano
40 ml	Olivenöl

Die Oliven und Nüsse klein schneiden. 300 Milliliter lauwarmes Wasser in einem Messbecher abmessen und die Hefe und den Zucker einrühren. Nun das Mehl mit dem Salz, dem gehackten Thymian und Oregano vermengen. Das Öl zusammen mit dem Hefewasser zu der Mischung geben und am besten mit einer Küchenmaschine verarbeiten. Der Teig sollte geschmeidig sein, aber noch leicht klebrig.

Zum Schluss die Oliven und Nüsse unter den Teig arbeiten. Den Teig nun in der Rührschüssel für mindestens 3 Stunden gehen lassen. Danach den Teig erneut kneten, in 3 gleich große Stücke schneiden und etwas flach ausgerollt auf einem mit Backpapier ausgelegten Blech für ca. 30 Minuten zugedeckt gehen lassen.

Den Ofen auf 220 °C vorheizen und die Ciabatta ca. 25 Minuten backen, bis diese goldbraun sind.

Herzhaft

»Käse«-Brot

Für 1 Brotlaib

125 g	Margarine, zimmerwarm
2	Knoblauchzehen
1 TL	Salz
1 Laib	Land- oder Mischbrot
300 g	veganer Schmelzkäse, z.B. Pizzaschmelz von Wilmersburger

Die Margarine mit einem Schneebesen aufschlagen, den Knoblauch abziehen und reiben und beides zusammen mit dem Salz mischen.

Das Brot längs und quer tief einschneiden (nicht durchschneiden). Jeden zweiten Einschnitt mit der Knoblauchmargarine und dem Käse füllen und das Brot anschließend in Alufolie einschlagen.

Im Ofen bei 180 °C auf mittlerer Schiene für 35 bis 40 Minuten backen.

Hefeteig, herzhaft, sojafrei

Walnussbaguette

Für 1 Baguette

220 g	Kartoffeln
1 Würfel	Hefe (42 g)
1 Prise	Zucker
260 g	Dinkelmehl
1 EL	Salz
125 g	Roggenmehl
60 g	Maisgrieß
100 g	Walnüsse, gehackt
2 EL	Albaöl (Rapsöl mit Butteraroma)
	Mehl für die Arbeitsfläche

Die Kartoffeln ungeschält in einem Topf weich kochen. Für den Vorteig ¼ der Hefe in 150 Milliliter warmem Wasser und mit dem Zucker in einer Schüssel vermischen und 10 Minuten gehen lassen. Anschließend 160 Gramm Dinkelmehl dazugeben, alles vermischen und abgedeckt für 3 Stunden an einem warmen Ort gehen lassen.

Die abgekühlten Kartoffeln pellen und fein pressen. Diese mit dem Vorteig, 50 Milliliter lauwarmen Wasser, 100 Gramm Dinkelmehl und den restlichen Zutaten in einer Küchenmaschine zu einem geschmeidigen Teig verarbeiten. Den Teig für 1 Stunde abgedeckt ruhen und gehen lassen. Anschließend den Teig auf einer bemehlten Fläche vorsichtig durchkneten, zu einem Baguette formen und auf einem Backblech für weitere 2 Stunden abgedeckt ruhen lassen.

Anschließend bei 180 °C für 30 bis 40 Minuten im Ofen goldgelb backen. Vor dem Schneiden unbedingt abkühlen lassen.

> **Tipp:** *200 Gramm weiche Margarine mit einer Küchenmaschine aufschlagen. Mit Salz, Pfeffer und je ¼ Bund fein gehacktem Schnittlauch und fein gehackter Petersilie verfeinern. Die Kräutermargarine zu dem warmen Brot servieren.*

Rührteig, herzhaft, sojafrei

Farinata mit Grillgemüse

Für ca. 6 Portionen

Für die Farinata:	**Für das Gemüse:**
300 g Kichererbsenmehl	2 Zucchini
180 ml Olivenöl	2 Süßkartoffeln
1 EL Salz	2 Paprikaschoten
½ TL Cumin	6 Lauchzwiebeln
Fett für das Blech	1 Aubergine
	50 ml Olivenöl
	1 TL Thymian
	½ TL Rosmarin
	Salz
	Pfeffer

Mehl und 900 Milliliter Wasser zu einem glatten Teig verarbeiten und 2 Stunden bei Zimmertemperatur ruhen lassen. Anschließend das Olivenöl, Salz und Cumin unter den Teig arbeiten.

Ein Backblech großzügig einfetten und den Teig auf dem Blech verteilen. Bei 210 °C den Teig auf mittlerer Schiene für ca. 30 Minuten im Ofen backen, bis die Farinata goldbraun ist. Anschließend abkühlen lassen.

Das Gemüse waschen, putzen und in grobe Scheiben schneiden. Aus dem Öl, Kräutern und Gewürzen eine Marinade herstellen, mit dem Gemüse in eine Gefriertüte geben, verschließen und vorsichtig mischen. Das Gemüse in einer heißen Grillpfanne oder auf dem Grill rösten und die Farinata damit belegen oder seperat dazu reichen.

Sesambagels

Für 12 Bagels

1 Würfel	Hefe (42 g)
2 TL	Zucker
500 g	Weizenmehl
1 TL	Salz
2 EL	Albaöl (Rapsöl mit Butteraroma)
	Mehl für die Arbeitsfläche
	Öl zum Bepinseln
3–4 EL	Sesamsamen

300 Milliliter lauwarmes Wasser in eine Rührschüssel geben und die Hefe sowie den Zucker einrühren. 10 Minuten an einem warmen Ort gehen lassen. Das Mehl, Salz und Öl dazugeben und zu einem geschmeidigen Teig verarbeiten. Am besten eignet sich eine Küchenmaschine. Den Teig an einem warmen Ort für mindestens 1 Stunde gehen lassen.

Den Teig erneut auf einer bemehlten Arbeitsfläche durchkneten und in apfelgroße Kugeln formen (ø 5–6 cm). Diese Kugeln mit einem Holzlöffel in der Mitte durchstechen und durch kreisende Bewegungen nach außen ein 3 bis 4 Zentimeter großes Loch formen. Die Ringe auf ein mit Backpapier ausgelegtes Blech legen und weitere 30 Minuten gehen lassen.

In der Zwischenzeit einen Topf mit gesalzenem Wasser aufsetzen. Sobald das Wasser siedet, die Teiglinge nacheinander vorsichtig in das Wasser geben und ca. 30 Sekunden ziehen lassen. Die Teiglinge vorsichtig wenden und weitere 30 Sekunden ziehen lassen.

Die Teiglinge mit einer Schaumkelle herausheben, auf ein Blech legen, mit etwas Öl einpinseln, mit Sesam bestreuen und bei 210 °C im Backofen auf mittlerer Schiene für 20 bis 22 Minuten hellbraun backen.

Herzhaft, glutenfrei

Kartoffelschiffchen

Für ca. 12 Portionen

500 g	mittelgroße Biokartoffeln
	Salz
1	Schalotte
½	rote Paprikaschote
100 g	Räuchertofu
	Öl zum Braten
50 g	veganer Schmelzkäse
	Pfeffer
½ TL	Salbei

Die Kartoffeln mit einer Bürste putzen, in Salzwasser weich kochen, anschließend halbieren und auskühlen lassen.

Die Schalotte abziehen, die Paprika waschen, entkernen und beides zusammen mit dem Räuchertofu in feine Würfel schneiden. Den Räuchertofu in einer Pfanne mit Öl anbraten. Die Schalotten- und Paprikawürfel zu dem Räuchertofu geben, kurz anschwitzen und anschließend alles in eine Schüssel geben.

Die Kartoffeln mit einem Kugelausstecher aushöhlen, das Innere anschließend in feine Würfel schneiden und auch in die Schüssel geben. Nun den Schmelzkäse hinzugeben und das Ganze mit Salz, Pfeffer und Salbei würzen.

Die Füllung in die ausgehöhlten Kartoffeln geben und bei 180 °C für ca. 15 Minuten auf mittlerer Schiene im Ofen backen.

> **Tipp:** *Zu den Kartoffeln passt eine herrlich frische Zitronen- oder Gurkenremoulade. Dafür 1 Teil Sojamilch und 3 Teile Rapsöl mit einem Stabmixer zu einer Creme verarbeiten. Danach mit Salz, Pfeffer, Balsamico bianco und sauren Gurken oder Zitronenabrieb würzen. Als Dip zu oder als Topping auf den Kartoffeln servieren.*

Register

Apfeltarte mit Pinienkernen	68
Artischocken-Pilz-Bonbons	150
Biskuit mit Acai-Brombeer-Creme	48
Blätterteigstangen mit verschiedenen Füllungen	144
Bratapfelkuchen im Glas	127
Buchweizen-Bananen-Drops	122
Cantuccini mit Lavendel und Zitrone	110
Cherry-Cheesecake gedreht	52
Crostata mediterran	132
Farinata mit Grillgemüse	165
Feigen-Baklava	136
Feigenspiralen	83
Flammkuchen mit Chicorée und Birnen	152
Flammkuchen mit Sauerkraut, Paprika und Räuchertofu	154
Flamm-Wrap mit Pflaumen und Mohnsahne	66
Gewürzte Kürbis-Haferflocken-Kekse	58
Haselnuss-Kastanien-Kuchen	104
Hefeschnecken mit Grillgemüse	112
Karottenkuchen ohne Mehl	64
Kartoffelschiffchen	169
»Käse«-Brot	161
Kräuter-Cupcakes mit Tomatenfrosting	106
Kräuter-Scones	102
Kokos-Mohn-Makronenberge	74
Kürbis-Pie mit Zimtsahne	62
Lavendel-Scones mit Sauerdorncreme	45
Macadamia-Vanille-Sterne	90
Maismuffins mit Paprika	118
Mango-Blaubeer-Scones	42
Marzipan-Schoko-Nockerln	73
Millefoglie	140
Minischnecken mit Zimt	96
Mohnbuchteln	98
Monkey Bread	76
Nussblumen	54

Orangenkuchen	38
Pastinaken-Karotten-Tarte	
mit Petersiliencreme	128
Pekan-Oliven-Ciabatta	159
Pikanter Bratapfel	86
Polenta-Pizza	114
Reis-Pilz-Taschen	148
Rhabarber-Kokos-Küchlein	46
Rosinenzopf free style	94
Rosmarin-Aprikosen-Kuchen im Glas	130
Sächsisches Osterbrot	36
Schnelle Blätterteigmuffins	
mit Äpfeln und Nüssen	142
Schokobiskuit mit Tiramisucreme	108
Schokoladenbrot	51
Sesambagels	167
Spargeltarte mit Rosa Beeren	
und Erdbeerpesto	32
Spinat-Mandel-Strudel mit Rosinen	34
Stollenkonfekt	84
Strudel mit Rhabarber-Vanille-Grieß	30
Tarte Tatin mit Süßkartoffeln	60
Vanillekipferl-Crumble mit Apfelchutney	88
Walnussbaguette	163
Winterliche Brownies	79
Zebrakuchen im Glas	121
Zimtfocaccia	100
Zitroniger Spargelstrudel	28
Zucchinikuchen im Glas	125
Zucchini-Lebkuchen-Törtchen	80

Kategorien	Rezepte	Glutenfrei	Zuckerfrei	Sojafrei	Herzhaft
Ostern	Zitroniger Spargelstrudel				•
	Strudel mit Rhabarber-Vanille-Grieß			•	
	Spargeltarte mit Rosa Beeren und Erdbeerpesto				•
	Spinat-Mandel-Strudel mit Rosinen				•
	Sächsisches Osterbrot				
	Orangenkuchen				
Muttertag	Mango-Blaubeer-Scones				
	Lavendel-Scones mit Sauerdorncreme				
	Rhabarber-Kokos-Küchlein			•	
	Biskuit mit Acai-Brombeer-Creme			•	
	Schokoladenbrot			•	
	Cherry-Cheesecake gedreht	•			
	Nussblumen				
Halloween	Gewürzte Kürbis-Haferflocken-Kekse				
	Tarte Tatin mit Süßkartoffeln			•	•
	Kürbis-Pie mit Zimtsahne			•	
	Karottenkuchen ohne Mehl	•			
	Flamm-Wrap mit Pflaumen und Mohnsahne				
	Apfeltarte mit Pinienkernen				
Weihnachtsbäckerei	Marzipan-Schoko-Nockerln	•			
	Kokos-Mohn-Makronenberge	•		•	
	Monkey Bread				
	Winterliche Brownies				
	Zucchini-Lebkuchen-Törtchen				
	Feigenspiralen	•			
	Stollenkonfekt	•			
	Pikanter Bratapfel			•	•
	Vanillekipferl-Crumble mit Apfelchutney				
	Macadamia-Vanille-Sterne			•	
Sonntagstafel	Rosinenzopf free style				
	Minischnecken mit Zimt				
	Mohnbuchteln				
	Zimtfocaccia			•	
	Kräuter-Scones			•	•
	Haselnuss-Kastanien-Kuchen	•		•	
	Kräuter-Cupcakes mit Tomatenfrosting			•	•
	Schokobiskuit mit Tiramisucreme				
	Cantuccini mit Lavendel und Zitrone				
	Hefeschnecken mit Grillgemüse		•	•	•
	Polenta-Pizza				•
Ofenfrische Geschenkideen	Maismuffins mit Paprika	•	•	•	•
	Zebrakuchen im Glas			•	
	Buchweizen-Bananen-Drops	•		•	
	Zucchinikuchen im Glas			•	•
	Bratapfelkuchen im Glas			•	
	Pastinaken-Karotten-Tarte mit Petersiliencreme				•
	Rosmarin-Aprikosen-Kuchen im Glas			•	•
	Crostata mediterran				•
	Feigen-Baklava			•	
Schnelles für unerwartete Gäste	Millefoglie			•	
	Schnelle Blätterteigmuffins mit Äpfeln und Nüssen			•	
	Blätterteigstangen mit verschiedenen Füllungen			•	•
	Reis-Pilz-Taschen			•	•
	Artischocken-Pilz-Bonbons			•	•
	Flammkuchen mit Chicorée und Birnen		•	•	•
	Flammkuchen mit Sauerkraut, Paprika und Räuchertofu		•		•
Brot & Co.	Pekan-Oliven-Ciabatta			•	•
	»Käse«-Brot				•
	Walnussbaguette			•	•
	Farinata mit Grillgemüse			•	•
	Sesambagels			•	•
	Kartoffelschiffchen	•			•

Süß	Mürbeteig	Hefeteig	Rührteig	Blätterteig	Filoteig	Biskuitteig	< 30 Min.	< 1 Std.	> 1 Std.

Auch erhältlich
ISBN 978-3-517-08777-1

ISBN 978-3-517-08825-9

BJÖRN MOSCHINSKI
Restaurant / Kochschule / Catering / Coaching
www.bjoernmoschinski.de
www.facebook.com/bjoern.moschinski
www.miomatto.de
kontakt@bjoernmoschinski.de

Impressum

1. Auflage 2014
© 2014 Südwest Verlag,
einem Unternehmen der Verlagsgruppe
Random House GmbH, 81673 München

Hinweis
Die Verwertung der Texte und Bilder, auch auszugsweise, ist strafbar. Dies gilt auch für Vervielfältigungen, Übersetzungen, Mikroverfilmung und für die Verarbeitung mit elektronischen Systemen.

Fotografie
Florian Bolk (LE SCHICKEN)
www.le-schicken.de
Redaktionsleitung: Silke Kirsch
Projektleitung: Eva Wagner
Grafik, Layout, Producing: Mechthild Striefler, Vina Curcija (LE SCHICKEN)
Redaktion: Cathrin Brandes, Wiebke Hampel
Umschlaggestaltung: zeichenpool, München
Litho: Regg media GmbH, München
Druck und Verarbeitung: Mohn Media Mohndruck GmbH, Gütersloh
Printed in Germany

Verlagsgruppe Random House FSC® N001967
Das für dieses Buch verwendete FSC©-zertifizierte Papier *Profisilk*
wurde produziert von Sappi Stockstadt.
ISBN 978-3-517-09250-8